AF311590

CHEZ LE MEME ÉDITEUR

LA MAJORLAINE

Opéra-bouffe en trois actes. . . . . , ...   2 "

ROSE MICHEL

Drame en cinq actes. . . . .   2 »

L'AVANT-SCÈNE

Vaudeville en cinq actes . . . .   2 »

L'ESPION DU ROI

Drame en cinq actes. . . . .   2 .

PERFIDE COMME L'ONDE

Comédie en un acte. 1 50

L'AFFAIRE FAUCONIER

Pièce en cinq actes . . . .   2 »

L'AMI FRITZ POULET

Parodie en deux actes 1 50

KOSIKI

Opéra-comique en trois actes . . . .   2 fr.

LES TROIS MARGOT

Opéra-comique en trois actes. . . . .   2 fr.

LE TRUC DU COLONEL

Vaudeville en un acte 1 50

IMPRIMERIE GÉNÉRALE DE CHATILLON-SUR-SEINE, JEANNE ROBERT.

ROSE MICHEL

DRAME EN CINQ ACTES

PAR

ERNEST BLUM

PARIS

TRESSE, ÉDITEUR

GALERIE DU THÉATRE FRANÇAIS

PALAIS-ROYAL

MDCCCLXXVII

PERSONNAGES

PIERRE MICHEL	MM.	CHARLY.
DE PARLIEU.		FAILLE.
GEORGES DE BUISSEY		REGNIER.
MOULINET.		COURTÈS.
DE GRANDCHAMP.		BOEJAT.
BERNARD.		ARONDEL.
GILBERT		PAUL JORGE.
GRÉGOIRE		WILLIAM.
PREMIER DÉLÉGUÉ		GUIIMER.
PREMIER OUVRIER		NOAÏLLES.
DEUXIÈME OUVRIER		JEGU.
UN GEOLIER		MARTIN.
ROSE MICHEL	Mmes	A. FARGUEIL.
LA COMTESSE DE BUISSEY . . .		RIGA.
LOUISE.		PAZZA.
LUCIE.		DE SÉVRY.
BAPTISTINE		BESNIER.
PISTACHET		DALY.

L'action : fin du règne de Louis XV.

ROSE MICHEL

ACTE PREMIER

Un jardinet. — Mur au fond avec grille pour porte d'entrée. — A gauche la maison
avec petit perron.

SCÈNE PREMIÈRE

GRÉGOIRE, PISTACHET, Ouvriers et Ouvrières
endimanchés, puis GILBERT.

GRÉGOIRE, sur une échelle.

Voyons, vous autres, passez-moi les inscriptions, faut
qu'il en trouve partout... Voilà : (il lit.) « Vive M. Bernard! » A la santé de M. Bernard! » « M. Bernard est
dans notre cœur! » Qui est-ce qui a mis un e à cœur?

PISTACHET.

C'est moi.

GRÉGOIRE.

Où donc que t'as appris l'orthographe? chez un tanneur?

PISTACHET.

Je croyais, moi!

1

GRÉGOIRE.

Tu croyais!.. (Il descend.) Donnez-moi le pinceau, que j'efface... J'ai pas envie que cet imbécile-là déshonore tout l'atelier Bernard en sa personne!..

Il efface

PISTACHET.

Tiens! t'en as fait un h de mon e.

GRÉGOIRE.

Au moins ça ne change rien à la prononciation !..

PISTACHET.

Et tu es sûr qu'il ne se doute de rien ?

GRÉGOIRE.

De rien que je dis... hier soir il s'est couché comme d'habitude en me disant : Grégoire, dormons bien, mon garçon, demain nous avons encore de la besogne pressée, comme si il y avait de la besogne pressée le jour de sa fête !

PISTACHET.

Quant à ça!.. Plutôt que de travailler ce jour-là, j'aimerais mieux me couper une main !

GRÉGOIRE.

Et moi les deux à la fois! Mais c'est pas tout ça... faut maintenant organiser la table aux cadeaux... (A Pistachet.) Voyons! qu'est-ce que tu donnes, toi ?

PISTACHET.

Moi?.. voilà!... un bouquet!

GRÉGOIRE.

Tu t'as pas fendu ?

PISTACHET.

Dame! je suis encore qu'apprenti. Mais j'ai mis dedans deux versses de ma composition... ça rehausse.

GRÉGOIRE.

Des versses et lesquels?

PISTACHET.

Voilà :

Gloire à monsieur Bernard, à ce roi des graveurs,
Qu'a su graver son nom dans le fond de nos cœurs.

GRÉGOIRE.

Tiens! c'est pas mal ça! T'as donc appris la poésie?

PISTACHET.

Non! c'est de naissance!

GRÉGOIRE.

Moi! voilà ce que je lui donne, un étui à lunettes!

PISTACHET.

Vide?

GRÉGOIRE.

Bédame!.. qu'est-ce que tu veux que je mette dedans...
une armoire?.. Trente sols comptant, rien que ça! Voilà
comme je me mets, moi, quand je m'y mets!

GILBERT, qui est entré depuis quelques instants.

Eh bien! Grégoire... ton étui ne sera pas vide, mon garçon, car voilà des lunettes en or pour mettre dedans.

GRÉGOIRE.

Monsieur Gilbert! le fils du bourgeois, vous aussi, vous...

GILBERT.

Pourquoi pas? Est-ce que je ne dois pas également mon
cadeau à mon père!

PISTACHET.

Et je suis sûr que c'est celui-là qui lui fera le plus plaisir.
Et après le vôtre, celui de mademoiselle Louise.

GILBERT.

Louise... Est-ce qu'elle est déjà levée?

GRÉGOIRE.

Pardine... je me disais aussi... comment donc que ça se
fait que vous ne m'avez pas encore demandé après elle?

GILBERT, riant.

Taquin, va !

GRÉGOIRE.

Certainement qu'elle est levée, et depuis longtemps que
je dis, il fallait bien qu'elle finisse de broder les pantoufles
qu'elle veut donner aussi à son parrain, et comme elle a
pris ça sur ses nuits pour qu'il ne se doute de rien... elle
n'était pas en avance.

PISTACHET.

Mais à cette heure elle doit avoir terminé car la v'là qui
vient par ici.

GRÉGOIRE.

Et elle va me demander aussi si vous êtes levé, je connais
la chanson.

GILBERT.

Bah ! tu crois que...

GRÉGOIRE.

Comme si vous en doutiez, n'est-ce pas ?

GILBERT.

Dame !

GRÉGOIRE.

C'est peut-être que vous voudriez en avoir la preuve...

GILBERT.

Quand ce ne serait que pour te prouver à toi-même !..

GRÉGOIRE.

Eh bien, mettez-vous là une seconde... et vous allez voir.

Gilbert se cache derrière les ouvriers.

SCÈNE II

Les Mêmes, GILBERT caché, LOUISE.

GRÉGOIRE.

Bonjour, mademoiselle Louise.

LOUISE.

Bonjour, Grégoire! bonjour vous tous!

Elle cherche du regard autour d'elle.

GRÉGOIRE.

Qu'est-ce donc que vous cherchez mademoiselle Louise?

LOUISE.

Moi, rien.

GRÉGOIRE.

C'est fini, votre broderie, mademoiselle Louise?

LOUISE.

Oui, je termine à l'instant même.

GRÉGOIRE.

Et vous êtes contente... de votre cadeau?

LOUISE.

Tu veux le voir, eh bien regarde!

Elle le lui montre.

GRÉGOIRE.

Oh! voyez donc vous autres... c'est-y fini... hein! faut-il
que vous en ayez des doigts déliés pour voir clair dans tout
ça. (Louise cherche.) Mais qu'est-ce que vous cherchez donc?

LOUISE.

Rien, te dis-je... c'est-à-dire, il m'avait semblé, de là-haut...

GRÉGOIRE.

Quoi donc?

LOUISE.

Entendre la voix de.. Gilbert.

GRÉGOIRE.

De M. Gilbert:.. c'est votre tympan qui vous aura trompée!.. (A part.) Attends, pendant que tu y es... je vas te donner la preuve complète. (Haut, à Louise.) Du reste, il y n'y a rien d'étonnant à ce que M. Gilbert soit pas encore descendu, il... n'est pas rentré, cette nuit.

LOUISE, avec émotion.

Gilbert n'est pas rentré hier soir... et pourquoi donc ?

GRÉGOIRE, jouant le mystère.

Ecoutez, on peut vous dire ça à vous, mademoiselle Louise... vous êtes discrète... Notre avis à nous tous, c'est que le fils de notre bourgeois... va se marier.

LOUISE, très-émue.

Se marier !

GILBERT.

Et qu'il est parti en voyage pour ça.

LOUISE.

Parti !.. Gilbert... sans rien me dire ?..

GILBERT, se montrant, vivement.

Ne les crois pas, Louise... ça n'est pas vrai.

LOUISE, se jetant dans ses bras en pleurant.

Ah! Gilbert!

GRÉGOIRE.

Hé allez donc! si c'est pas une preuve ça, en quoi qu'il les lui faut?

LOUISE.

Pardonne-moi, mon ami. Mais ç'a été malgré moi! cette idée que tu n'étais plus là, que tu allais te... ça m'a prise au cœur... (Se tournant vers Grégoire.) Grégoire... il ne faudra plus me faire de ces misères-là... ça fait trop mal.

GILBERT.

Oh, Louise! ma chère Louise! non... on ne te mentira plus ainsi!.. car c'est un mensonge que de te dire que je puis te quitter jamais et me marier avec une autre femme que toi...

LOUISE.

Chut!.. Si mon parrain t'entendait...

GRÉGOIRE.

Comme s'il ne se doutait pas déjà de la chose... vous la dites à tout le monde.

GILBERT.

Et il faudra bien qu'un jour il sache notre secret tout à fait, puisque j'ai juré que tu serais ma femme...

LOUISE.

Oui, mais...

GILBERT.

Allons... tu vas encore parler de fortune... nous ne sommes pas si riches que ça... Et je parie que si on comptait bien avec ta mère... ou plutôt avec ton... père...

LOUISE, baissant la tête.

Mon père!..

PISTACHET.

M. Michel... le cabaretier de Suresnes, je crois bien... Je le connais moi, je suis du pays... il passe pour avoir des mille et des cents! Du reste c'est pas faute d'économiser. Je serais au désespoir d'endommager le père d'une camarade... mais comme avare on peut dire qu'il rendrait des points à un porc-épic.

LOUISE.

Ma mère dit que ce sont des calomnies.

PISTACHET.

Oh! d'abord votre maman, mame Rose Michel, c'est une vraie femme celle-là. Elle défend son mari comme elle défendrait sa fille... comme elle défend tout le monde.

LOUISE.

Oui... Dieu a été bon pour moi... il m'a donné une excellente mère!..

PISTACHET.

Tandis que du côté du papa...

LOUISE.

Ce n'est pas cela que je veux dire...

PISTACHET.

Non, mais je le dis, moi. (Bas aux autres.) Un vrai gueux quoi, que j'aimerais pas à rencontrer au coin d'un bois, et même dans le milieu!

GRÉGOIRE.

Attention, voilà M. Bernard qui ouvre la porte de sa chambre... A nous, alors. (Les ouvriers obéissent.) et en avant les instruments... Pistachet, ton tambour! Eustache, ton violon!.. toi, ton tambour de basque et moi, mon fifre... C'est-y heureux tout de même que je sache jouer de cet instrument-là, sans l'avoir appris...

GILBERT.

Comment, vraiment tu n'as...

GRÉGOIRE.

Non, monsieur Gilbert. C'est comme Pistachet pour les versses... ce que je sais c'est de naissance!

PISTACHET.

Le voilà... le voilà...

GRÉGOIRE.

Alors, attention... une, deux... Vive M. Bernard!

TOUS.

Vive M. Bernard!

Musique grotesque, par Grégoire, Pistachet et Eustache.

SCÈNE III

LES MÊMES, BERNARD, puis ROSE MICHEL.

BERNARD, est resté étonné sur le perron de sa maison. — Il descend.

Ah! çà mes amis... allez-vous m'expliquer?..

GRÉGOIRE, s'avançant.

C'est bien simple, monsieur Bernard... C'est aujourd'hui le 19 juillet et le calendrier dit que c'est la fête d'un brave homme que nous aimons tous bien, parce qu'il est la crème des bons cœurs et de l'honneur... parole d'honneur!

PISTACHET, déclamant.

Gloire à monsieur Bernard, à ce roi des graveurs
Qu'a su graver son nom dans le fond de nos cœurs.

TOUS.

Bravo! bravo!

BERNARD.

C'est ma fête... ma foi... je n'y pensais pas...

GILBERT.

Oui, mon père, et vos ouvriers et vos ouvrières réunis ainsi que Louise et moi nous vous demandons la permission de vous souhaiter à cette occasion mille p ospérités, une santé toujours florissante...

LOUISE.

Et de longues années de bonheur que vous méritez entre tous, monsieur Bernard, car Dieu est juste et il aime à rendre heureux ceux qui rappellent ici-bas sa bonté et sa charité.

BERNARD, avec émotion, serrant les mains de Gilbert, de Louise, etc.

Oh! mes amis... mes enfants!

GRÉGOIRE.

Vive M. Bernard!

1.

TOUS.

Vive M. Bernard !

GRÉGOIRE.

Aux cadeaux à cette heure ! (Il va à la table et offre à Bernard au fur à mesure qu'il énonce :) Un bouquet, cadeau de M. Pistachet ! avec poésie à l'intérieur.

BERNARD, à Pistachet.

Merci, mon garçon...

PISTACHET.

C'est des oreilles de loups... ça veut dire que je vous souhaite deux cents ans d'existence !

GRÉGOIRE.

Un étui... à lunettes... neuf... cadeau de M. Grégoire.

BERNARD.

Ah ! ah ! tu as pensé à mes yeux... c'est bien ça, mon garçon... Ils ont besoin d'aide en effet.

GRÉGOIRE.

Permettez, faut distinguer... c'est un cadeau en deux parts.... moi j'offre l'étui et M. Gilbert les lunettes.

BERNARD.

Merci, Gilbert... mon cher enfant ; et toi, Louise, tu ne m'embrasses pas ?

LOUISE.

Oh ! si, mon parrain... Mais auparavant...

GRÉGOIRE.

C'est juste, faut procéder par ordre. (Donnant le cadeau que Louise a déposé sur la table.) Une paire de pantoufles brodées par une vraie fée... cadeau de mademoiselle Louise Michel, à son parrain M. Bernard.

BERNARD.

Mais c'est superbe... merci, Louise... merci... mon second enfant.

Il l'embrasse. Pistachet va chercher deux enfants qui apportent des bouquets.

GRÉGOIRE.

Quant au reste, c'est des fleurs.

BERNARD, aux ouvriers.

Je vous remercie, mes enfants.

GRÉGOIRE.

Et c'est tout ?

ROSE MICHEL, paraissant à la grille.

Comment, c'est tout. Eh! et le mien de cadeau, il ne compte donc pas ?

TOUS.

Mame Rose Michel !

LOUISE.

Ma mère !

ROSE, descendant

Monsieur Bernard, voulez-vous permettre à une pauvre femme qui vous aime bien de vous donner ce petit souvenir, qu'elle a bien du plaisir à vous offrir, parole d'honneur !

BERNARD.

Volontiers, Rose... si vous n'avez pas fait de folies comme à votre habitude... (Il prend le cadeau, c'est un écrin qu'il ouvre.) Là, qu'est-ce que je disais... un cachet, et en or encore !... Rose... vous n'êtes pas raisonnable.

ROSE.

C'est possible... que je ne sois pas raisonnable quand il s'agit de vous. Mais est-ce une raison pour ne pas m'embrasser, ça?..

BERNARD, l'embrassant.

Ma bonne Rose !

ROSE, s'épongeant le front.

C'est égal... je ne croyais pas arriver à temps et je tenais à ne pas être la dernière à vous souhaiter votre fête... C'est qu'il y a loin de Suresnes, ici !

GILBERT.

Surtout quand on vient à pied.

ROSE.

Dame!... à moins d'avoir des carrosses à soi... Eh bien, Louise, tu ne me dis rien ?

LOUISE.

Bonjour, ma bonne mère !

ROSE.

Bonjour, mon enfant... (Elle l'embrasse à plusieurs reprises.) C'est vrai tout de même, monsieur Bernard, que c'est bon ces baisers-là... ça vous repose le cœur... Tout à l'heure en arrivant je me sentais bien un peu lasse, pour dire la vérité... Eh bien, à regarder ma fille, ma Louise, à la presser là dans mes bras... je me sens toute défatiguée, et il me semble que pour en avoir autant je recommencerais tout le voyage au pas de course.

LOUISE.

Ma bonne mère !

BERNARD.

Brave femme, va !

ROSE.

Et vous êtes toujours content d'elle, monsieur Bernard ?

BERNARD.

Oui, très-content.

ROSE.

Et... sa santé ?

BERNARD, montrant Louise.

Superbe ! comme vous le voyez.

ROSE, la regardant.

C'est vrai... Dieu est bon !... Et toi, Gilbert, tu ne me dis rien, mon gars?

GILBERT.

Si ! Bonjour, madame Rose. Je suis bien heureux de vous
voir.

ROSE.

Et moi aussi, mon garçon. Mais deviens-tu fort et beau !..
C'est comme ma Louise, elle devient grande et jolie... Re-
gardez donc, monsieur Bernard, ça fait un joli couple tout
de même, ces deux enfants-là.

LOUISE, bas avec reproche.

Ma mère.

ROSE, à elle-même.

C'est vrai... qu'est-ce que je dis donc là, moi ?

BERNARD.

Vous nous restez à dîner, Rose ?

ROSE.

Certainement, je suis à vous toute la journée. D'abord
Pierre ne m'attend que ce soir.

BERNARD, aux ouvriers.

Et vous aussi, mes amis... vous dinez avec moi.

On enlève la table.

GRÉGOIRE.

Comment, m'sieu Bernard, vous nous faites cet honneur ?

BERNARD, riant.

Dame ! pour que vous puissiez boire à ma santé... je ne
vois guère que ce moyen-là.

GRÉGOIRE.

Si c'est pour ça, accepté alors.

BERNARD.

Allez à vos affaires et dans une heure tous ici... Louise,
tu vas aller t'occuper de cela, mon enfant.

LOUISE.

Oui, mon parrain !

GILBERT.

Et moi, je retourne à mon travail... A tout à l'heure, madame Rose.

ROSE.

A tout à l'heure, Gilbert.

BERNARD.

On dînera à midi précis, vous autres...

GRÉGOIRE.

N'ayez pas peur, bourgeois. Plutôt que de vous faire l'injure de manquer votre dîner, nous serons plutôt ici à onze heures un quart.

Sortie générale.

SCÈNE IV

BERNARD, ROSE.

BERNARD.

Eh bien, Rose ?

ROSE.

Eh bien, monsieur Bernard ?

BERNARD.

Nous sommes heureux dans nos enfants...

ROSE.

Oui, Gilbert est un brave et honnête garçon.

BERNARD.

Louise est une excellente fille qui travaille avec intelligence et courage... C'est une digne enfant qui mérite l'affection que nous lui portons tous ; au moins c'est pour vous une suprême consolation.

ROSE.

Mais je ne suis pas malheureuse, monsieur Bernard.

BERNARD.

Ce n'est pas à moi qu'il faut dire cela, Rose ; car alors, je vous rappellerais qu'il y a bientôt dix ans de cela une pauvre femme, pâle de fièvre et tout en larmes, tenant une enfant de sept ans dans ses bras est venue me trouver en me disant : Tenez, monsieur Bernard, je vous la confie, je vous la donne, il me la tuerait.

ROSE, baissant la tête.

C'est vrai ! et il l'aurait tuée, ma pauvre Louise ! elle, déjà si chétive et que les médecins avaient condamnée.

BERNARD.

Dieu n'a pas voulu vous faire tomber sur un bon mari. Pierre est brutal, méchant.

ROSE.

Non, pas méchant !

BERNARD.

Pauvre femme ! pourquoi me mentir à moi ? je connais votre vie.... vie affreuse... vie de martyre.

ROSE, la tête basse, d'une voix sourde.

N'était-ce pas assez de me priver de ma fille et fallait-il en quittant Pierre donner encore ce malheur à Louise d'un père... d'une mère qui vivent séparés : au bout de quelque temps on ne sait jamais bien pourquoi les parents se sont désunis et ça rejaillit sur l'enfant. Et puis... si je l'avais quitté... pour se venger, Pierre serait venu me prendre ma fille, tandis qu'en la laissant ici chez vous elle était en apprentissage, et puis je pouvais espérer au moins qu'elle vivrait et que grâce à vos bons soins, sa mauvaise santé se rétablirait... quoiqu'elle ne soit pas encore bien forte, allez ! et qu'il ne lui faudrait pas de trop grandes secousses...

BERNARD.

Voyons, Rose, vous exagérez les choses. Et c'est pour elle, pour votre fille, que vous êtes restée, vous, intelligente et instruite, avec votre mari qui vous battait, qui vous bat peut-être encore ?

ROSE.

Non, monsieur Bernard, non, c'est fini... Pierre est devenu raisonnable.

BERNARD.

Voyons, Rose, il faut me dire la vérité... le moment en est venu.

ROSE, étonnée.

Le moment?

BERNARD.

Parmi tous les chagrins qu'il vous a causés, Pierre vous a-t-il donné celui de ne pas être un honnête homme?

ROSE.

Pourquoi me demandez-vous cela, monsieur Bernard?

BERNARD.

Parce que l'on peut tout pardonner hors cela! L'honneur, c'est notre blason à nous autres, enfants du peuple, ça a été celui de mon père qui me l'a légué intact, il est mort pauvre, mais le jour où le bon Dieu l'a repris il y avait foule derrière son convoi. C'est que sa vieille probité lui avait valu le titre de syndic de sa corporation et qu'on disait : l'honnête Bernard, comme on dit Sa Majesté le roi!

ROSE.

Mais encore une fois, pourquoi me parlez-vous de tout cela?

BERNARD.

Ce titre de syndic j'espère que je ne mourrai pas sans l'obtenir aussi... Ce n'est pas par orgueil que je le désire, mais parce que je crois l'avoir mérité... Si cette joie m'arrive, mon ambition sera alors que mon fils Gilbert l'ait plus tard à son tour!.. C'est pourquoi, Rose, il ne faut pas que dans notre famille il y ait la moindre tache sur l'un de nous.

ROSE.

Sur l'un de nous

BERNARD.

Parce qu'alors pour cela vous me trouveriez non pas seulement implacable, mais sans entrailles.

ROSE.

Mais alors, monsieur Bernard, si je ne deviens pas folle de bonheur en croyant comprendre... Louise, ma Louise qui aime tant Gilbert et qui en est tant aimée...

BERNARD, souriant.

Doucement, Rose, je n'ai pas parlé de cela encore !.. Répondez d'abord à ma question ?..

ROSE.

Eh bien, monsieur Bernard... oui, Pierre... est brutal, Pierre est avare, il a été mauvais père... mauvais mari,. mais non, ça n'est pas un malhonnête homme, je le jure !

BERNARD.

Ecoutez bien, Rose !.. je vous crois, parce que je répondrais de votre probité, à vous ! Vous me le jurez sur l'honneur ?

ROSE.

Je vous le jure sur mon honneur, monsieur Bernard.

BERNARD.

C'est bien ! Nous ne parlerons plus jamais de cela, et maintenant...

ROSE.

Maintenant ?

BERNARD, riant.

Je vais aller me préparer pour recevoir mes invités.

ROSE.

Comment, monsieur Bernard, vous n'achevez pas, vous ne me dites rien...

BERNARD, s'éloignant toujours en riant.

Mais je n'ai rien à vous dire, Rose !.. rien, sinon que vous êtes une brave femme !

ROSE, suppliante.

Oh! monsieur Bernard!

BERNARD, sur le perron.

Mais je vous assure, Rose... que je n'ai rien à vous dire...

Il rentre dans la maison.

SCÈNE V

ROSE, puis LOUISE.

ROSE, seule.

Ah! mon Dieu! Louise la femme de Gilbert... notre rêve à nous tous réalisé. Quand elle va savoir cela, la pauvre enfant, son cœur va se fondre de joie!... Et ce méchant M. Bernard qui ne veut rien me dire pour ne pas me laisser le plaisir de lui apprendre moi-même la nouvelle.

LOUISE, entrant.

Là... tout sera prêt pour l'heure... je puis causer un peu avec vous, ma mère?

ROSE.

Oui... Il y a si longtemps en effet que je ne t'ai vue... quinze grands jours!.. Tu ne sais pas ce que c'est, toi, qu'autant de journées que cela sans voir sa fille... viens te mettre ici à mes genoux... (Elles s'asseyent.) comme quand tu étais toute petite... que je te voie bien et que j'entende ta voix... ma Louise adorée!.. Quand je pense qu'il y a des mères qui sont si heureuses... elles ont toujours leur enfant à leurs côtés, elles peuvent l'embrasser à toutes les minutes... sans compter... comme les riches!.. Qu'est-ce qu'elles ont donc fait au bon Dieu ces mères-là pour qu'il les aime tant?

LOUISE.

Ma mère!.. Mais le moment approche où nous serons réunies... Je vais avoir bientôt fini mon apprentissage... et alors je retournerai avec vous et (Baissant la tête.) avec mon père!..

ROSE.

Non!.. Alors c'est un autre qui te prendra... un mari!..
C'est vrai que nous ne les avons jamais nos enfants! et
pourtant c'est nous qui les aimons le mieux... C'est peut-
être aussi que le bon Dieu ne veut pas que les mères aient
trop de joie... ça tue aussi le grand bonheur.

LOUISE.

Un mari... vous songez déjà à cela, ma mère ?

ROSE, riant.

Et toi, tu n'y songes donc pas ?

LOUISE.

Si... puisque je vous ai tout dit... mais le mari que je
veux n'est pas fait pour moi.

ROSE.

Bah! qui sait, on a vu des choses encore plus impossibles
que celle-là arriver.

LOUISE.

Ma mère, que dites-vous ?

ROSE.

Moi... rien!.. sinon qu'il ne faut jamais désespérer, surtout quand on est une brave fille, bien travailleuse et qu'on
sait qu'il y a des bons cœurs qui vous aiment.

LOUISE.

Ma mère!

ROSE, se levant.

Et c'est tout ce que j'ai à te dire... à mon tour... tout...
pour le moment... Ah! si, je peux encore ajouter que voilà
bien trois minutes que tu ne m'as embrassée et que tu vas
en perdre l'habitude.

LOUISE, lui sautant au cou.

Ma mère!

Bruit dans la rue.

ROSE.

Quel est ce bruit ?

LOUISE, allant regardant par la grille.

Oui... on dirait une dispute dans la rue.

ROSE, de même.

En effet, voilà du monde qui se rassemble.

LOUISE, regardant.

C'est un homme qui veut emmener une femme de force.

ROSE.

Mais je ne me trompe pas... je la reconnais, c'est elle, notre voisine de Suresnes... Ah! voilà notre autre voisin, M. de Buissey, qui s'en mêle... Je me disais aussi, il ne devait pas être loin...

SCÈNE VI

ROSE, BERNARD, LOUISE, puis GILBERT, GEORGES, LUCIE, GRÉGOIRE, PISTACHET, EUSTACHE, et LES AUTRES OUVRIÈRES.

BERNARD, paraissant au perron.

Que se passe-t-il donc ?

ROSE, qui regarde toujours par la grille.

Ah! il a repoussé l'agresseur... Il m'a vue... il me demande s'il peut amener ici cette dame... Mais oui, (Se retournant vers Bernard.) n'est-ce pas, monsieur Bernard, que vous voulez bien leur donner l'hospitalité?

BERNARD, tout à fait descendu.

Mais certainement...

ROSE, à la grille.

Par ici, monsieur le comte...

GEORGES, entre, amenant Lucie à moitié évanouie. Ils sont suivis de Grégoire, Pistachet et des autres ouvriers.

Vous n'avez plus rien à craindre, Lucie.

ROSE.

Pauvre dame, comme elle est pâle!

LUCIE, ouvrant les yeux, à Georges dont elle serre la main.

Oh! mon ami... l'horrible scène!

GEORGES.

Oui, en vous voyant seule dans la rue... il a profité... lâchement comme toujours...

LUCIE.

Et vous croyez qu'il s'est éloigné?

GEORGES.

Je le crois.

GRÉGOIRE, s'avançant.

Le monsieur qui tourmentait tout à l'heure madame, faites excuse, monsieur, il est encore là, et en ce moment il cherche où vous pourriez bien être.. Allons bon! v'là justement un imbécile qui lui indique notre maison.

LUCIE, se levant.

Oh! encore!..

GEORGES.

Lucie!...

Il remonte.

SCÈNE VII

Les Mêmes, GRANDCHAMP.

GRANDCHAMP.

Pardon, mes amis... si j'entre brusquement dans votre
demeure... mais nul de vous ne pourra trouver étonnant,
j'imagine, que je vienne vous redemander ma femme.

TOUS.

Sa femme!

GRANDCHAMP, s'avançant.

Quel est le maître de ce logis?

BERNARD, de même.

C'est moi, monsieur.

GRANDCHAMP, se découvrant.

Je me nomme le baron de Grandchamp... on a vu ma
femme, madame la baronne de Grandchamp, entrer dans
cette maison... voulez-vous bien me mener près d'elle?

BERNARD, regardant Rose.

Mais c'est que...

GRANDCHAMP.

Prenez-y garde, monsieur. En refusant de me livrer celle
que la loi m'a donnée, vous commettez un acte que la loi
punit aussi.

GEORGES, s'avançant.

Si la loi punit cet acte-là, c'est moi qu'elle en punira, car
c'est moi qui demande qu'on ne vous réponde pas.

GRANDCHAMP, très-calme.

Monsieur le comte de Buissey, n'est-ce pas? c'est vous
qui tout à l'heure...

GEORGES.

Oui, et c'est moi qui recommence ici à défendre contre vous madame de Grandchamp.

GRANDCHAMP, de même.

Vous êtes bien chevaleresque, monsieur de Buissey, et vous allez me faire croire tout à fait que ce qu'on m'a dit est vrai et que vous me faites l'honneur d'aimer madame de Grandchamp?

GEORGES.

Et si ce qu'on vous a dit là, monsieur, était en effet la vérité, que feriez-vous?

GRANDCHAMP.

Je vous le dirai plus tard! (A Bernard.) Monsieur, je vous somme de me livrer madame de Grandchamp.

GEORGES, avec force.

Et moi, je vous dis qu'on ne vous la livrera pas... Je ne sais quel plan vous avez conçu, mais puisque vous voulez un scandale public, vous l'aurez!.. Madame de Grandchamp refuse de suivre son mari parce que... parce que son mari est un voleur!

GRANDCHAMP, faisant un pas.

Monsieur!

GEORGES.

Osez donc nier qu'après l'avoir ruinée comme vous vous étiez ruiné vous-même dans je ne sais quelle vie de débauche et de jeu, reparaissant subitement au bout de cinq ans, vous n'êtes pas entré chez elle, dans la maison qu'elle habite à Suresnes, et là que vous n'avez pas essayé de la voler?

GRANDCHAMP.

Vous vous trompez, monsieur. Je venais pour m'assurer qu'en effet madame de Grandchamp était chez son amant...

GEORGES.

Vous veniez pour la voler, vous dis-je... Remerciez Dieu, monsieur, que ce jour-là, nous ne nous soyons pas rencontrés, car j'eusse commis un crime! et je le dis ici, hautement, le jour où vous renouvellerez cette tentative, ce jour-là, comme vous aurez escaladé une maison qui n'est pas la vôtre, je vous traiterai comme on traite les bandits, je vous tuerai, monsieur !

GRANDCHAMP.

J'enregistre la menace comme j'ai enregistré le double aveu et les insultes. Madame de Grandchamp est ma femme... Demain j'aurai demandé au lieutenant de police de vouloir bien venger mon honneur en poursuivant madame la baronne et son complice pour crime d'adultère.

Il salue et sort froidement.

SCÈNE VIII

LES MÊMES, moins GRANDCHAMP.

GEORGES.

Voilà quel était son projet : il voulait nous vendre sa dénonciation.

LUCIE.

Ah ! mon ami...

ROSE.

Monsieur le comte, qu'allez-vous faire?

GEORGES.

S'il nous dénonce en effet, nous nous présenterons tous les deux devant les juges et nous leur dirons ce que nous vous avons dit tout à l'heure, et les juges ne nous condamneront pas.

BERNARD.

Les juges vous condamneront: la loi est la loi.

ROSE.

Et ce procès désespérera madame votre mère la bonne madame de Buissey, je la connais, moi... je travaille pour elle.

GEORGES, se passant la main sur le front.

Pauvre mère!.. Oui, il faut songer à tout cela! (A Bernard.)
Merci de votre hospitalité, monsieur. Adieu, Rose!

ROSE.

Adieu, monsieur le comte!.. Encore un mot, c'est pas à
une pauvre femme comme moi à vous donner des conseils,
mais dans le parti que vous allez prendre, pensez à votre
mère... ça fait tant souffrir, allez, de ne pas savoir son
enfant heureux.

GEORGES.

Rose, j'y penserai... Venez, Lucie.

Il sort avec Lucie.

SCÈNE IX

LES MÊMES, moins GEORGES et LUCIE, puis LES DÉLÉGUÉS
DE LA CORPORATION DES GRAVEURS.

BERNARD.

Pauvre jeune homme!

ROSE.

Et surtout pauvre femme !

BERNARD.

Oui, les voilà embarqués dans une triste aventure.

PISTACHET.

Ce que c'est tout de même que de tomber sur un chena-
pan de mari...

ROSE.

Oui, c'est toujours un grand malheur.

GRÉGOIRE.

Mais avec tout ça, l'heure se passe, et, sauf votre respect,
il n'est plus question de dîner!

BERNARD, riant.

Et tu penses au solide, toi!

GRÉGOIRE.

Dame! c'est pas Pistachet qui y penserait pour moi.

BERNARD.

Eh bien! rassure-toi, on va se mettre à table.

GRÉGOIRE.

Enfin! (Regardant à la grille.) Eh bien, non, ça ne va pas encore être tout de suite... car voilà du nouveau monde qui vous arrive.

Les délégués entrent.

PREMIER DÉLÉGUÉ.

Ami et confrère André Bernard, salut!

BERNARD.

Soyez les bienvenus chez moi, mes amis: quel heureux événement vous y amène?

LE DÉLÉGUÉ.

Nous venons vous faire connaître la décision que nous, les délégués de la corporation, nous avons prise, ce matin, au moment où nous avons appris la mort regrettable de notre révéré syndic...

BERNARD.

Notre syndic est mort!

LE DÉLÉGUÉ.

Nous avons décidé à l'unanimité que le seul qui soit digne de le remplacer et d'être à notre tête pour représenter dans les réunions des jurandes la grande et respectable corporation des graveurs en joaillerie, c'est vous, André Bernard.

BERNARD.

Moi, syndic... Ah! la seule ambition de ma vie réalisée!
Il se jette dans les bras de son fils.

GRÉGOIRE.

Ah bien, par exemple, pour une fête complète, on peut

dire qu'elle est complète. Le patron syndic! C'est ça qui nous relève.

BERNARD, aux délégués.

Mes amis, vous pourrez dire à ceux qui vous ont donné le droit de m'élire que votre décision d'aujourd'hui rend un homme heureux! Moi aussi... j'ai une surprise à faire aux miens... Gilbert, depuis ton enfance tu aimes Louise, Louise depuis que tu le connais, tu aimes mon fils... je vous marie tous les deux !

GILBERT, se précipitant à ses genoux.

Ah! mon père.

LOUISE, de même.

Mon parrain !

ROSE, joignant les mains.

C'était donc vrai, mon Dieu !

BERNARD.

Dès aujourd'hui vous êtes fiancés l'un à l'autre, dans trois mois, Gilbert sera reçu ouvrier, à ce moment, Louise Michel deviendra madame Bernard... (Les deux jeunes gens s'embrassant.) Eh bien! Rose, êtes-vous contente?

ROSE, pleurant.

Ah! monsieur Bernard, oui, Dieu vous récompensera pour tout le bonheur que vous me donnez !

BERNARD.

Il ne reste plus qu'à demander à Pierre Michel... si ce mariage lui agrée...

ROSE.

Oh! pour cela... je m'en charge.

BERNARD.

Soit... mais cependant nous irons demain tous ensemble à Suresnes, de bonne heure, car le travail ne doit pas souffrir de tout cela, demander à ton père, Louise, son contente-ment à votre union... Et maintenant à table! (Aux délégués.) Vous aussi, mes amis, vous allez partager le repas du vieux

Bernard qui marquera ce jour comme le plus heureux de
sa vie.

GRÉGOIRE.

Vive M. Bernard!

TOUS.

Vive M. Bernard!

On se dirige vers la maison.

Rideau.

ACTE DEUXIÈME

Le cabaret de Pierre Michel à Suresnes. — Intérieur délabré. — Grande cheminée. — Fenêtre et porte au fond. — Porte à gauche conduisant à la cuisine. — Egalement à gauche escalier faisant face au public et conduisant à une porte. (La chambre de Rose.) A droite, porte à laquelle on monte par deux marches avec petite rampe. Plus loin une autre porte. — Comptoir au fond entre la porte et la fenêtre ; tables, chaises, etc. — Près de la cheminée des paquets de linge. — Un coucou.

SCÈNE PREMIÈRE

MOULINET, Ouvriers, puis PIERRE MICHEL, puis GRANDCHAMP.

PREMIER OUVRIER.

Eh bien, oùsqu'il est ton patron, qu'il nous règle nos comptes ?

MOULINET.

M. Michel. Oh ! soyez tranquille. Du moment qu'il y a de l'argent à recevoir, il ne va pas tarder.

PREMIER OUVRIER.

Il l'aime bien l'argent, hein ?

MOULINET.

Lui ! il tondrait un œuf pour en avoir les cheveux ! et si encore avec ça il était sociable... mais c'est pire qu'un dromadaire... Moi qui suis gai de mon naturel...

PREMIER OUVRIER...

Ah! tu es gai?

MOULINET.

Oui, j'aime à sourire. Ça me vient de papa qui prenait sur ses repas pour sourire. Eh bien, quand je le vois, il me rentre mes calembours dans l'estomac; c'est vrai, quelquefois je m'en fais des calembours à moi-même pour passer le temps, eh bien, au moment où je vais comprendre et sourire... tenez, gracieusement comme ça... je l'entends qui me crie :

PIERRE, au dehors.

Moulinet !

MOULINET.

Voilà, voilà, (Avalant.) il est rentré !

PIERRE, entrant.

Ah! vous voilà, vous autres. C'est vrai, c'est l'heure des comptes, c'est le jour de l'ardoise.

PREMIER OUVRIER.

V'là ma semaine, père Michel, cinq livres dix sous !

PIERRE, consultant une ardoise.

Où prends-tu cinq livres dix sous?

PREMIER OUVRIER.

Dame! Sept diners sans le pain et trois bouteilles de vin?

PIERRE.

Si je sais compter, ça fait cinq livres onze sous.

PREMIER OUVRIER, riant.

Bah ! à un sou près !

PIERRE.

Il n'y a pas à un sou près! les comptes, c'est les comptes Est-ce que tu crois que je la vole ma marchandise, moi?

PREMIER OUVRIER, riant.

J'en jurerais pas.

PIERRE.

Allons, baille ton sou tout de suite ou j'efface pas l'ardoise.

L'OUVRIER, le donnant.

C'est bon ! le voilà. (Pierre le fait sonner.) Oh ! j'en fabrique pas moi, c'est pas comme vous.

PIERRE, au deuxième ouvrier.

Et toi ?..

DEUXIÈME OUVRIER.

Moi... m'sieu Michel... il m'est arrivé un malheur... j'ai perdu mon père ces jours derniers et ça m'a coûté des frais... ça fait que je peux pas vous [payer ma semaine cette fois-ci.

PIERRE.

T'as perdu ton père... j'entre pas dans ces raisons-là, De l'argent ou j'arrête le crédit.

DEUXIÈME OUVRIER.

Mais, m'sieu Michel... où que je mangerai toute la semaine alors... si vous me supprimez l'ardoise... j'ai plus rien !..

PIERRE.

Où tu voudras !... c'est pas mon affaire ça ; paie, ou plus de dîners.

MOULINET, à part, essuyant ses verres.

Cachalot ! va !

PIERRE.

A un autre ! (Voyant entrer Grandchamp.) V'là du monde... Moulinet.

Grandchamp va s'asseoir à la table de gauche.

MOULINET.

Voilà patron, voilà. (A Grandchamp.) Que faut-il servir à monsieur ?

GRANDCHAMP.

De l'eau-de-vie.

MOULINET.

De la bonne ou de la demi-bonne?

GRANDCHAMP, riant.

De la bonne.

PIERRE, se levant.

Là... v'là tous les comptes réglés... (Au deuxième ouvrier.) excepté le tien, mange-tout!.. mais... t'as entendu ce que je
t'ai dit?

DEUXIÈME OUVRIER.

Oui, m'sieu Michel... je vas faire tout ce que je vas pouvoir... mais si je peux pas...

PIERRE.

Eh bien! tu te serreras le ventre, voilà tout!

Les ouvriers sortent.

SCÈNE II

LES MÊMES, moins LES OUVRIERS.

GRANDCHAMP, à sa table, tirant un petit billet de sa poche.

« Venez ce soir à Suresnes à dix heures. Je désire vous
voir. » Parbleu! j'étais bien certain qu'ils s'y décideraient
malgré leurs grands airs d'aujourd'hui! Mais pourquoi dix
heures? Ma chère femme ne comptait sans doute être de
retour qu'à ce moment. Dans tous les cas, (il regarde le coucou.)
neuf heures et demie, ne gênons personne... et attendons!

PIERRE, qui a rangé des ardoises, allant regarder la porte d'entrée.

V'là qu'il est près de dix heures et Rose n'est pas encore
là... non... C'est-y pas le plaisir de me mettre en colère!

MOULINET.

Dame!.. patron... c'est aujourd'hui la fête à **M.** Bernard
et vous savez ben que ces jours-là mame Rose reste toute la
journée avec sa fille.

PIERRE, brutal.

Qu'est-ce qui te demande quelque chose à toi? Essuie tes verres!..

MOULINET.

Oui, patron, oui... je les essuie (A part.) Cachalot, va!

GRANDCHAMP, qui depuis un instant regarde Pierre.

Ah, ça! mais... il n'y a pas à dire, plus je regarde cette tête de gredin... (L'appelant.) Pierre Michel!

PIERRE, s'avançant.

Monseigneur m'appelle?

GRANDCHAMP.

Parbleu! oui c'est toi! Comment, coquin, tu ne me reconnais pas?

PIERRE, se souvenant.

Monsieur le baron de Grandchamp.

GRANDCHAMP.

Allons donc. Je me disais aussi.... comment ce bandit de Pierre Michel ne reconnaît pas un de ses meilleurs clients... qu'il a jadis si complaisamment obligé... à deux cents pour cent.

PIERRE.

Monseigneur...

GRANDCHAMP.

C'est vrai... j'oubliais que je te dois le secret... c'était dans le prix... autrement cela m'aurait coûté le double.. Oh! tu faisais des sacrifices pour ta réputation... Voyons... assieds-toi là... et trinquons... parbleu! je ne suis pas plus fier, depuis mes voyages... A ta santé!

PIERRE.

A la vôtre, monseigneur.

GRANDCHAMP.

Et tu es toujours cabaretier?

PIERRE.

Toujours... il faut bien vivre.

GRANDCHAMP.

Les affaires ne vont donc plus ?..

PIERRE.

Non... Les temps sont trop durs... On ne voit plus d'argent.

GRANDCHAMP.

A qui le dis-tu ?

PIERRE.

Aussi, monseigneur, si par hasard vous êtes venu...

GRANDCHAMP, l'interrompant.

Inutile... Je ne viens rien te demander, ce soir surtout où je vais probablement opérer quelque petite rentrée.

PIERRE.

Ah ! on vous doit de l'argent dans ce pays-ci ?

GRANDCHAMP, riant.

C'est-à-dire qu'on m'en doit... sans m'en devoir !.. Mais je recevrai tout de même.

PIERRE, à part.

Quelque mauvais coup qu'il aura préparé.

GRANDCHAMP.

Du diable s'il n'est pas temps... j'ai donné mon dernier écu au voiturier qui m'a mené jusqu'ici... je n'ai même plus rien pour te payer ton-eau-de-vie.

PIERRE.

Ah ! vous...

GRANDCHAMP.

Bah ! tu mettras cela sur mon compte avec les deux cents pour cent... je te garderai le secret six mois de plus... pour la peine.

PIERRE, à part.

Escroc, va !

GRANDCHAMP.

En sorte que si par hasard ma... rentrée ne se faisait pas,
il me faudrait retourner à Paris à pied ?

PIERRE.

Mais dans tous les cas... faudra vous résigner à ça... A
cette heure... il n'y a plus ici ni chevaux, ni voitures.

GRANDCHAMP.

Que le diable vous enlève tous !... et déjà le temps qui
menaçait tout à l'heure... Ma foi, s'il pleut, tant pis pour
toi, je reviens te demander l'hospitalité.

PIERRE.

C'est que... je n'ai rien pour ça !

GRANDCHAMP.

Allons donc, tu me trouveras bien un coin. Et puis si j'ai
opéré mon recouvrement, je paierai. Comme tu sais que
je paie quand j'ai le gousset — garni — c'est dit, n'est-ce pas ?

PIERRE, avec mauvaise humeur.

C'est dit.

GRANDCHAMP, consultant le coucou.

Au revoir, Pierre Michel, et peut-être à tout à l'heure...
c'est vrai que ça m'a fait plaisir de revoir ta face d'usurier.

PIERRE, suppliant.

Monseigneur !

GRANDCHAMP.

C'est juste... j'oublie toujours que je te dois le secret...
avec supplément encore.... Au revoir, coquin !

Il sort.

SCÈNE III

PIERRE. MOULINET, puis ROSE.

PIERRE.

Drôle d'idée qu'il a de ressusciter celui-là. Après sept ans ? Qu'est-ce qu'il peut bien venir manigancer dans ce pays, quelque gredinerie ?.. C'est vrai qu'il est dix heures et Rose n'arrive toujours pas... (Avec colère.) Moulinet... ferme la boutique !

MOULINET.

Comment, patron... et la patronne ?

PIERRE.

Elle couchera dehors... Est-ce qu'elle croit que je vais passer la nuit à l'attendre.

MOULINET.

Oh ! patron... dehors ! mais il va faire un temps à ne pas mettre une grenouille à la porte.

PIERRE.

Ferme que je te dis... et ne réplique pas.

MOULINET.

Je ferme... patron. (A part.) Oui, cachalot, je ferme. (Il va à la porte du fond et commence à fermer.) Ah ! c'est plus la peine de vous fâcher... v'là madame Rose.

PIERRE.

Enfin !

ROSE, à la porte, très-gaiement.

Bonjour, Pierre.

PIERRE, croisant les bras.

D'où que tu viens à cette heure-ci ?

Moulinet continue à fermer la boutique.

ROSE, retirant sa maute.

Oh ! ne crie pas, c'est pas le moment ! Pierre, il nous arrive un grand bonheur : Louise épouse Gilbert !

PIERRE, froidement.

Ah !

ROSE.

M. Bernard les a fiancés aujourd'hui... et demain ils viennent, tous ensemble, te demander ton agrément... Tu es content, n'est-ce pas ?

PIERRE.

Je suis content sans l'être !... Ça coûte les mariages... et cette pleurnicheuse de Louise nous a pris tant d'argent avec toutes ses maladies...

ROSE.

Oh ! Pierre !.. c'est pas bien ce que tu dis là.

PIERRE.

Il ne m'haït donc plus le Bernard !

ROSE.

M. Bernard ne t'a jamais détesté, Pierre, tu le sais bien, mais il y a toujours des gens intéressés à séparer des vieux amis... et...

PIERRE.

Et on y a dit des gueuseries sur moi... Toi la première, pardine... t'es toujours à te plaindre et à geindre... comme si je te rendais malheureuse... Pas vrai ?..

Il hausse les épaules.

ROSE.

Tu as tort de dire cela, Pierre, car c'est moi qui au contraire aujourd'hui encore ai répondu à M. Bernard de ta loyauté.

PIERRE.

Il en doutait, le pauvre cher homme !

ROSE.

Non, mais comme il a fait sa religion de l'honneur, avant

3

de donner son fils à notre fille, il avait le droit en effet de
s'assurer...

PIERRE.

Le droit... Et ta répondance a suffi alors ?

ROSE.

Oui, parce que M. Bernard sait bien que je ne mentirai
pas... et que si je ne te croyais pas honnête, je lui aurais
dit...

PIERRE.

Si ça ne fait pas rire... Et qu'est-ce qu'il lui donne à son
fils, le riche Bernard ?

ROSE.

Je ne sais pas... on n'a point encore causé de tout cela...
c'est vous demain qui en parlerez.

PIERRE, vivement.

T'as pas promis de dot pour Louise, au moins ?

ROSE.

Non, mais si M. Bernard en donne une à son fils, il me
semble que notre devoir...

PIERRE.

J'ai pas d'argent!.. Je ne suis pas un grand seigneur,
moi, pour donner des dots à ma fille... faut qu'on l'épouse
comme elle est, pour ses beaux yeux, ou qu'on la laisse.

ROSE, doucement.

Pierre... nous ne sommes pourtant pas pauvres.

PIERRE.

Qu'est-ce qui a dit ça?.. c'est encore toi qui passes ta vie
à faire courir ces bruits-là. Ça fait que tout le monde me
croit millionnaire et qu'un jour on viendra nous voler ici
nos dernières nippes.

ROSE.

Pierre !

PIERRE.

Assez!.. et qu'on ne me reparle plus de ça.

ROSE, doucement.

Eh bien non... on ne t'en reparlera plus... maintenant. Nous avons le temps de reste de causer de tout ça, puisque le mariage n'aura lieu que dans trois mois... Aujourd'hui... j'ai quelque chose de plus pressé à te demander.

PIERRE.

Encore !

MOULINET, revenant.

Là... patron... voilà la boutique fermée... il n'y a plus que la barre à mettre à la porte... ce qui est votre besogne d'habitude.

PIERRE.

C'est bon, va te coucher !

MOULINET.

C'est pas de refus... j'ai les jambes qui me rentrent dans les épaules... Bonsoir, patronne.

ROSE.

Bonsoir, mon garçon.

MOULINET.

Bonsoir ! (A part.) Cachalot !

PIERRE.

Bonsoir !

Moulinet sort par la porte de la cuisine.

SCÈNE IV

ROSE, PIERRE.

PIERRE.

Eh bien ! maintenant, parle. Qu'est-ce que t'as encore à me demander ? C'est pas de l'argent, n'est-ce pas ?

ROSE.

C'est de l'argent !

PIERRE.

Ah, ça ! mais, Rose !..

ROSE.

Pierre, notre fille est fiancée, dans quelques jours on cé-
lébrera ses fiancailles... il est d'usage pour cette cérémonie
que la promise ait des habillements de soie et des bijoux...
il faut que tu me donnes de quoi payer tout cela... cent ou
deux cents livres.

PIERRE.

Deux cents livres pour des fanfreluches ! Tu es folle, pas
vrai ?

ROSE.

Pierre, c'est pour notre Louise... Tu ne peux nous refu-
ser ça... c'est l'usage je te dis... Les plus pauvres jeunes
filles ces jours-là ont des ajustements neufs... Tu ne vou-
drais pas que notre unique enfant soit plus misérable que
les autres !

PIERRE.

J'ai pas deux cents livres.

ROSE.

Pierre... je ne te demande jamais rien... je te demande
cela... Je veux dès demain matin lui commencer moi-même
sa toilette.

PIERRE.

Et moi je te répète qu'il faut que tu aies perdu la tête
pour me tourmenter avec des folies pareilles... Je ne don-
nerai rien.

ROSE, avec force.

Et moi, je dis que tu me donneras.

PIERRE.

Hein ! qu'est-ce que tu racontes ?

ROSE.

Je dis que l'argent que tu amasses et que tu caches m'appartient comme à toi. Voilà vingt ans que je travaille et que je t'apporte sans en rien retenir tout ce que je gagne... Ce que tu as est à nous deux et je veux ma part. Oui, entends-tu bien? je la veux !

PIERRE.

Et moi je te réponds que tu n'auras rien, parce que c'est mon idée comme ça et que si tu touches à un sou d'ici, je te brise.

ROSE, calme.

C'est bien !

PIERRE.

Et assez de cette conversation, elle me fatigue... rentre dans ta chambre, il est tard !.. et il faut travailler demain... puisqu'aujourd'hui tu as fait la grande dame.

ROSE, prenant une lanterne.

J'y vais !

PIERRE.

Moi, je vas fermer la porte.

ROSE, montant l'escalier qui mène à sa chambre.

Bonsoir, Pierre.

PIERRE.

Bonsoir, m'ame la millionnaire.

Rose rentre dans sa chambre et ferme la porte.

SCÈNE V

PIERRE, puis ROSE.

PIERRE, seul.

Donner des deux cents livres pour des babioles ! Et puis des dots par dessus le marché !.. Non, bien sûr, elle est de-

venue folle, mais pour cette mijaurée de Louise, elle me
mettrait sur la paille... si je la laissais faire... Tout près de
minuit... le Grandchamp ne viendra plus... tant mieux.
(Regardant à la fenêtre.) C'est vrai tout de même qu'il fait mauvais temps... (En s'en allant.) Deux cents livres, non! Sûrement
elle est folle!

Avec sa lanterne, il sort par la deuxième porte de droite. Nuit, après un silence, Rose r'ouvre doucement la porte de sa chambre et descend.

ROSE.

Tu feras de moi ce que tu voudras, Pierre, mais je veux
que ma fille soit belle... et elle le sera!.. (Elle va prendre une
pince près de la cheminée et soulève une petite trappe qui se trouve à gauche.)
Comme si je ne la connaissais pas sa cachette, en v'là-t-il de
l'or et des écus!.. C'est vrai que la moitié de tout ça est à
moi... c'est-à-dire à ma fille, à Louise. (Elle prend deux rouleaux.)
Là deux cents livres. Demain matin dès le jour je pourrai
envoyer acheter à Paris ce qui est nécessaire et commencer.
(Prêtant l'oreille.) J'ai entendu du bruit... quelqu'un marche...
c'est Pierre... Ah!

Elle cache vivement les deux rouleaux sous les paquets de linge.

PIERRE, sortant de sa chambre.

Il m'a semblé entendre... c'est peut-être le Grandchamp
qui a cogné... (Apercevant Rose.) Qu'est-ce que tu fais là, toi?

ROSE, très-troublée.

Moi, rien... je venais chercher ma mante que j'avais oubliée.

PIERRE.

Et c'est ça qui t'a rendue pâle comme te v'là?

ROSE.

Je suis pâle!.. c'est le froid, la fatigue probablement.

Elle veut remonter l'escalier.

PIERRE, trouvant la pince par terre.

Pourquoi donc que tu as eu besoin de cette pince?

ROSE.

Je ne sais pas... c'est... machinalement que je l'ai prise...
sans savoir ce que je faisais... Ah! si, pour remuer le feu
qui s'éteignait.

PIERRE, lui prenant les deux mains.

Rose, regarde-moi donc en face. T'as touché a mon argent !

ROSE.

A ton argent ?

PIERRE.

Je te dis moi que tu m'as espionné ! et que t'as découvert ma cachette... je te dis que tu viens de me voler les deux cents livres pour Louise.

ROSE, avec courage.

Eh bien ! oui... là, ça me serre le cœur de mentir. Oui, j'ai pris dans notre argent à nous deux, t'entends, cette somme que tu me refusais pour habiller notre fille. Fais ce que tu voudras à présent !

PIERRE.

Ce que je vas faire, c'est ben simple... Je vas t'étrangler si tu ne me rends pas mes deux cents livres !

ROSE.

Tu m'étrangleras si tu veux... mais je ne te les rendrai pas !

PIERRE.

Rose... prends garde... tu sais que la patience... c'est pas tout à fait mon fort !

ROSE.

Oh ! oui, je sais que ce ne sera pas la première fois que tu me tortureras ! je sais que c'est à tes mauvais traitements que je dois d'être souffreteuse comme je le suis et à mon âge de n'avoir plus de santé, mais j'ai du courage et je sais souffrir... quand il s'agit de ma fille !

PIERRE.

Oui... parce que tu ne veux point qu'on dise qu'elle a un mauvais père, n'est-ce pas ? Eh bien t'as beau faire, cette fois-ci on le dira, parce que je vas te tuer.

ROSE.

Tue-moi, Pierre, mais t'auras pas cette somme.

PIERRE, cherchant autour de lui avec fureur.

Ah! mais, qu'est-ce que je vas donc y faire à cette voleuse pour qu'elle me rende mon argent? (Lui prenant les bras.) Rose, encore une fois, ne m'entraîne pas à quelque violence... mon argent!

ROSE.

Non!

PIERRE.

Ecoute, tu me connais, méfie-toi... v'là le cœur qui me bat et que je commence à voir rouge. Mon argent!

ROSE, se débattant.

Tu me fais bien mal, Pierre, mais je ne te rendrai rien!..

PIERRE.

Ah! gueuse! Alors! c'est toi qui l'auras voulu.

Il la renverse et lui met la main sur le cou.

ROSE.

Ah!

On frappe au dehors.

PIERRE, s'arrêtant.

Chut!.. Tais-toi, on a cogné!..

GRANDCHAMP, au dehors.

Eh bien... ouvriras-tu ou n'ouvriras-tu pas?

PIERRE.

C'est le Grandchamp! (Lâchant Rose.) Va dans ta chambre! nous recauserons de tout ça demain matin!

ROSE.

Demain matin, l'argent sera parti.

PIERRE.

C'est bien... c'est bien que je te dis!.. Nous en recauserons... va-t-en!

ROSE, à part, en remontant lentement l'escalier.

Qu'est-ce que c'est donc que ce visiteur qui l'a calmé si vite?

GRANDCHAMP, dehors.

Eh bien ! coquin ! j'attends toujours ! quand te décideras-tu ?

PIERRE.

Voilà, monseigneur, voilà !

Il ouvre.

SCÈNE VI

PIERRE, GRANDCHAMP, puis ROSE.

GRANDCHAMP, mouillé.

Enfin ! ce n'est pas malheureux, ma chambre, vite.

PIERRE, l'indiquant.

La voici, monseigneur.

ROSE, à la porte de sa chambre.

Mais je le reconnais, c'est M. de Granchamp.

Elle rentre.

PIERRE.

Il fallait bien me donner le temps de descendre.

GRANDCHAMP.

Allons donc, maraud, je voyais ta lumière à travers la porte, tu te demandais si j'aurais de quoi payer ton hospitalité... eh bien ! Arabe, rassure-toi... j'ai de l'argent !

PIERRE.

Ah ! votre rentrée...

GRANDCHAMP, joyeux.

S'est faite admirablement. (A part.) Ce pauvre de Buissey a bien fait les choses... c'était pour avoir le temps de réaliser qu'ils m'avaient donné rendez-vous si tard... la menace de la poursuite a fait son effet..., c'est que je l'eusse commencée, Dieu me damne, il devenait trop insolent, ce cher comte.

3.

(Haut.) Tiens, coquin !.. je te la paie d'avance ta nuit ! — à toi !

Il lui lance une bourse.

PIERRE, l'attrapant et l'ouvrant.

Cinq louis d'or !

GRANDCHAMP.

Il y en avait cinq !.. ma foi tant pis, je ne m'en dédis pas.

PIERRE.

C'était donc bien gros l'argent que vous aviez à recevoir dans le pays ?

GRANDCHAMP.

Mais oui... assez gros comme cela... cent mille livres !

PIERRE.

Cent mille livres !.. et vous les avez là ?

GRANDCHAMP.

Dans ce portefeuille en bons billets de caisse ! voici les termes du marché que j'ai signé. Donnant, donnant. Les cent mille livres reçues, je m'engage à partir demain matin pour l'Amérique, mais je suis là à bavarder et je tombe de sommeil. (Regardant dans la chambre.) Diable !.. ca n'est pas tout à fait un palais.

PIERRE.

C'est notre plus belle chambre !

GRANDCHAMP

Enfin ! à la guerre comme à la guerre ! tu me réveilleras au jour. Bonsoir, coquin !.. Ah ! cette fois, je te garderai le secret toute ma vie... et forcément, puisque je pars pour toujours... Bonsoir !

Il entre dans la chambre avec une lumière que Pierre lui a donnée.

PIERRE.

Bonsoir, monseigneur. (Sombre et passant la main sur le front.) Cent mille livres !.. une fortune !.. il dort déjà sans doute ! il tombait de sommeil... (Il va regarder par les fentes de la porte.) Oui, il dort tout habillé sur le lit... cent mille livres et comme il l'a dit, le silence pour toujours... puisqu'on le croit déjà loin! (Il va jusqu'à la porte.) Non, ça ferait du bruit! Un couteau! ça vaut mieux!

ROSE, elle descend, va ramasser l'argent qu'elle a caché sous les paquets de linge et le met dans sa poche.

Les deux cents livres. Au moins Louise aura son habillement de fiancée... oh! comme il m'a fait mal!.. (Écoutant.) On vient c'est encore lui.

Elle se cache sous l'escalier.

PIERRE, revient, sa veste fermée. Il s'arrête.

Eh bien, non! jamais je ne pourrai tuer! (Avec énergie.) Il le faut pourtant, il le faut!

Il entre dans la chambre de Grandchamp.

ROSE, sortant de dessous l'escalier.

Je rêve tout debout, bien sûr... Pierre n'est pas entré là et c'est le rêve ou le besoin de sommeil qui me donne ces idées qui me font froid partout le corps... Qu'est-ce que j'ai donc?.. je me soutiens à peine... Voyons je peux bien regarder!.. il ne me verra pas et je serai rassurée. (Gémissement. — Elle monte les deux marches, regarde et descend vivement en jetant un cri terrible.) Ah! au secours!

Elle tombe de tout de son long par terre.

PIERRE, sortant précipitamment de la chambre un couteau à la main. Allant à Rose.

Toi!.. c'est toi... qu'est-ce que tu fais là!

ROSE, suffoquée, étendant la main vers la chambre.

Là! là!.. L'homme plein de sang!.. blessé... tué!

PIERRE.

Tais-toi!.. tais-toi!

Il la relève.

ROSE, lui montrant le couteau qu'il tient encore.

Et tué... par toi! Assassin! assassin!

PIERRE.

Mais tais-toi donc, gueuse! tu vas me faire prendre.

ROSE, anéantie.

Oh!.. le père de Louise... assassin!

Elle se cache la figure dans les mains.

PIERRE, vivement.

Eh bien, oui! le père de Louise!.. puisque t'as répondu de mon honnêteté, parle donc à présent et tu verras si M. Bernard donnera Gilbert à Louise.

ROSE.

Ah! le misérable! il veut me faire taire avec le bonheur de ma fille... Eh bien non! il faudra que tu m'égorges aussi, car je te dénoncerai, assassin! assassin!

PIERRE, levant son couteau.

Oh ben! alors cette fois, ça fera deux cadavres.

LOUISE, au dehors.

Mère, ouvrez! c'est nous! c'est M. Bernard et Gilbert!

ROSE.

Louise!

PIERRE.

Oui, ta fille et son fiancé... son fiancé qu'elle aime tant!

Il va ouvrir.

SCÈNE VII

Les Mêmes, BERNARD, GILBERT, LOUISE.

LOUISE, allant à Rose.

Bonjour, mère!

BERNARD

Bonjour, Pierre!

PIERRE, regardant Rose qui reste immobile les yeux toujours fixés sur Louise.

Vous v'là chez nous de bien bonne heure, monsieur Bernard... mais je sais que vous êtes matineux et que vous ne ne voulez pas qu'on prenne le dérangement sur les journées de travail.

LOUISE.

Du reste, il est grand jour, père... et puis... c'est moi qui ai tellement pressé.

PIERRE.

Tu vois, Rose!.. Elle n'a sans doute pas dormi de la nuit notre fille... à l'idée de venir ici et que je pouvais peut-être mettre des bâtons dans les roues à son bonheur, car c'est ton bonheur, n'est-ce pas, ce mariage avec Gilbert? Oh! tu peux le dire tout haut à cette heure!.. il n'y a plus d'offense!

LOUISE.

Oui, mon père, vous avez raison, ce mariage c'est même plus que mon bonheur, c'est ma vie. Car j'aime tant Gilbert que si je ne devais pas être sa femme, je crois que je mourrais de désespoir.

PIERRE, vivement.

T'entends, Rose, t'entends notre femme! Eh bien! sois heureuse, fillette... mon agrément que M. Bernard et Gilbert ont eu l'obligeance de venir me demander à ce matin... je le donne!.. t'es maintenant mon fils, Gilbert...

Il lui tend la main.

GILBERT.

Mon père!

Il s'avance pour lui prendre la main tendue — Rose s'élance comme pour l'en empêcher.

ROSE.

Gilbert!

PIERRE.

Qu'est-ce que t'as donc, notre femme?.. t'es pas contente que j'empêche ta fille de mourir de chagrin?.. peut-être que c'est toi à présent qui ne veux plus donner ton consentement.

BERNARD.

Vous, Rose! Et pourquoi?

LOUISE.

Ma mère, que dit mon père?

PIERRE, la regardant toujours.

Réponds, Rose... on t'écoute...

ROSE, au milieu.

Eh bien...

PIERRE.

Eh bien ! (Rose rencontre le regard inquiet de sa fille et s'arrête.) Vous voyez... elle ne répond pas... c'était pour de rire. Venez par ici, monsieur Bernard... dans sa chambre nous allons causer des arrangements à prendre et de la dot que je donne à ma fille, tout comme un richard que je ne suis pas! Viens, Gilbert. (A Louise.) Et toi aussi, ça vous regarde tous les deux... Dans un instant, Rose n'est-ce pas, dans un instant?

Ils ont tous monté l'escalier. — Pierre est le dernier et regarde toujours sa femme.

ROSE, qui est tombée sur une chaise, à part.

Mon Dieu! mon Dieu! c'est donc que vous voulez que moi aussi je devienne criminelle!

Le rideau baisse.

ACTE TROISIÈME

SCÈNE PREMIÈRE

DE PARLIEU, GEORGES, LA COMTESSE.

LA COMTESSE, à Georges.

Que lis-tu donc là, Georges?

GEORGES.

Ma mère, c'est la seconde feuille du *Dictionnaire philoso-
phique*, que M. de Voltaire vient de faire paraître. — Savez-
vous, monsieur de Parlieu, que ce sont là des doctrines ef-
froyables!

DE PARLIEU.

Vous trouvez?

GEORGES.

Où irons-nous si cette foule d'écrivains, soi-disant philo-
sophes, continue à prêcher le bouleversement de toutes
choses?

DE PARLIEU.

Mais, mon cher comte, nous irons à ce bouleversement,

voilà tout! et croyez-vous qu'il ne soit pas nécessaire... et que l'état dans lequel nous sommes n'appelle pas quelques petites réformes ?

GEORGES.

Ma foi, je n'ai jamais pensé à tout cela... et ne suis pas comme vous un ami du peuple.

DE PARLIEU.

Je ne suis pas un ami du peuple, Georges, je suis un ami de la justice. Nous autres gens du parlement, nous ne partageons pas toutes vos idées, nous ne sommes que la noblesse de robe, comme on dit, et nous nous souvenons que le parlement que nous représentons est le fidèle gardien des vieux droits et des vieilles libertés de la nation.

GEORGES.

En sorte que si demain le peuple se rebellait contre les nobles de race, ses chefs légitimes...

DE PARLIEU, se levant et cessant de jouer.

Ce serait certainement du côté du peuple qu'on me trouverait, vous l'avez dit Georges! Mais rassurez-vous, ce n'est pas encore en cette année 1765 qu'il manquera de respect à ses chefs légitimes... Il est lent à se mouvoir le peuple, et il faudra encore beaucoup d'écrits comme ceux-là pour que, pareil au lion, il sorte de sa tanière. Seulement ce jour-là, malheur à qui se rencontrera sur sa route, car il aura à venger en quelques jours quinze siècles d'oppression et d'injustice.

LA COMTESSE, riant.

Ce jour-là, mon cher conseiller, vous nous protégerez.

DE PARLIEU.

J'aurai peut-être à me protéger moi-même, car lepeuple dans ses fureurs n'épargne pas toujours ses amis, mais je ne l'en aiderai pas moins à déchirer ses entraves... et si dans cette lutte je dois mourir d'un coup de griffe du lion, j'emporterai dans la tombe cette suprême consolation que ceux qui viendront après nous, auront à honorer notre mémoire pour leur avoir conquis cette vérité inscrite dans toute la nature, par le doigt de Dieu et qui s'appelle : La liberté !

LA COMTESSE.

En attendant, laissez-moi vous donner un conseil, mon cher ami, c'est de ne point parler de cela trop souvent ni trop haut.

GEORGES.

Oui!.. car vous savez que le roi ne professe pas un grand amour pour ces sortes de théories... et cela ne vous aiderait pas beaucoup à devenir un jour président de chambre.

DE PARLIEU.

Eh bien, vous vous trompez, mon ami, je ne sais si en effet le roi approuve mes théories, mais je sais qu'il partage certaines de mes idées, car il vient de me faire l'honneur de me charger d'une mission spéciale.

GEORGES.

Vous?

LA COMTESSE.

Je vous félicite.

DE PARLIEU.

Il y a huit jours, j'avais pris la liberté d'adresser un mémoire à Sa Majesté. J'osais lui représenter que sa noblesse la déshonorait par ses crimes journaliers. Chaque jour en effet on découvre au coin des rues, sur les routes, dans les fleuves, des cadavres de gens assassinés.

GEORGES.

. Mais qui vous a dit que ces crimes étaient commis par des gens de notre race?

DE PARLIEU.

Eux, parbleu! puisqu'ils s'en vantent!.. les attaques nocturnes du Pont-Neuf ne sont-elles pas en ce moment à la mode parmi nos jeunes marquis... et sous le prétexte que Poullailler tue et pille dans la capitale et ses environs, n'est-il pas de bon ton actuellement de le voir partout, et à chaque mine suspecte de tirer son épée ou son pistolet sous le prétexte de débarrasser la ville d'un soi-disant bandit!.. sans compter les vengeances particulières, les assassinats pour couvrir les vols, et ceux pour le plaisir de tuer... pour l'honneur.

GEORGES.

Et le peuple un modèle de douceur et de résignation regarde ces crimes sans les imiter?

DE PARLIEU.

Non! le peuple lui aussi joue du couteau et sauvagement. Je ne vous ai point dit qu'il n'avait pas son éducation à faire.

LA COMTESSE.

Et qu'a répondu le roi à votre mémoire?

DE PARLIEU.

Le roi a daigné me faire appeler. Je croyais d'abord que j'allais avoir affaire à ce Louis XV frivole et indifférent, que nous connaissons tous... que non pas! c'est devant une noble et loyale indignation que je mé suis trôuvé. J'étais bien en face d'un petit-fils d'Henri IV, d'un descendant de ce Louis XIV qui lui aussi, un jour, justement indigné des crimes de ses gentilhommes, d'un geste avait fait sortir de terre la chambre ardente. — Monsieur, me dit le roi, en votre qualité de conseiller, je vous charge d'instruire tous les procès de ceux de ma noblesse qui se sont rendus coupables de meurtre et je vous donne ma parole royale qu'à l'exemple de mon cousin le régent qui a fait décapiter impitoyablement le comte de Horn, son parent, ceux que vos chambres criminelles condamneront n'auront à attendre de moi ni pardon ni grâce!

LA COMTESSE.

Ah! c'est là votre nouvelle mission...

GEORGES.

Le roi ne vous a pas comblé, mon cher conseiller, la besogne est pénible.

DE PARLIEU.

On ne choisit pas son devoir ici-bas, et si terrible qu'il soit, quand la conscience vous dit qu'il est juste, il faut s'incliner et l'accomplir avec courage!

Il remonte et va prendre son chapeau laissé sur une chaise.

GEORGES.

Allez, mon cher Parlieu, et fasse le ciel qu'aucun des nôtres ne tombe sous votre griffe, car vous serez sans clémence!

LA COMTESSE.

Vous savez que vous dînez avec moi ce soir mon ami...
vous ne l'oublierez pas.

DE PARLIEU.

Dieu m'en garde!.. j'ai trop à me faire pardonner par
Georges, mon nouvel emploi de pourvoyeur du bourreau...
(Il s'incline et serre la main de Georges.) A tantôt.

LA COMTESSE.

A tantôt.

De Parlieu sort.

SCÈNE II

LA COMTESSE, GEORGES.

LA COMTESSE.

Vous l'avez entendu, Georges... de Parlieu reviendra en
partie à cause de vous... ne me ferez-vous pas la grâce de
rester aujourd'hui par exception avec votre mère?

GEORGES.

Madame!..

LA COMTESSE.

C'est bien... monsieur, ne revenez pas!

Elle va s'asseoir à droite.

GEORGES, allant à elle.

Vous êtes fâchée, ma mère?

LA COMTESSE.

Non, je souffre!

GEORGES.

Ma mère! si vous saviez comme votre injuste haine me
rend malheureux.

LA COMTESSE.

Ce n'est point de la haine, c'est de la douleur... oui, de

la douleur de vous voir emprisonné dans un amour sans issue et qui vous fait tout abandonner, tout! jusqu'à votre mère.

GEORGES, gravement.

Mon amour est sans issue, c'est vrai... mais il est profond, et je crois l'avoir bien placé. (Mouvement de la comtesse.) Oui, ma mère, permettez-moi de défendre celle que votre fils aime passionnément après vous et Dieu : si vous aviez daigné abaisser votre regard jusqu'à elle, avec votre intelligence, avec votre cœur, vous eussiez compris tout ce qu'il y a de grandeur et de probité dans cette jeune âme livrée encore enfant à un scélérat. (Nouveau mouvement de la comtesse.) Oh! je suis certain de ce que je dis... j'ai maintenant la preuve irrécusable que M. de Grandchamp est le plus abject des hommes... et cette preuve est là!

Il montre le petit secrétaire.

LA COMTESSE, étonnée.

Là!

GEORGES.

Ma mère, M. de Grandchamp sur ma demande a quitté depuis avant-hier la France pour toujours! (Mouvement de la comtesse.) Vous voyez que Lucie ne m'avait pas trompé, elle est maintenant plus seule au monde que jamais! Déjà le ciel a permis que j'apparusse à temps pour la sauver du suicide, si demain elle ne me voyait plus revenir, demain elle serait morte!.. Oh! je devine le mot qui est sur vos lèvres : comédienne... Savez-vous, ma mère, quel serait son suprême bonheur à cette pauvre femme qui a déjà tant souffert? ce serait de savoir que vous lui pardonnez l'amour qu'elle a pour moi et celui que j'ai pour elle, elle n'ignore pas le chagrin qu'elle vous donne... et elle en pleure aussi. . Oui... dans ses rêves, elle vous voit, bonne comme vous l'êtes, lui tendant la main et lui permettant de vous aimer comme la mère de celui qui est déjà son époux devant Dieu! Oh! mais elle sait que cela est un rêve! que le bonheur n'est point fait pour elle, que le ciel l'a marquée au front pour la souffrance et elle attendra en chrétienne résignée que Dieu daigne se départir de sa colère contre elle.

LA COMTESSE.

Georges!.. Si ce que tu me dis et que tu crois... pouvait être la vérité.

GEORGES.

Ma mère, pourquoi ne voulez-vous pas croire aux saintes femmes, puisque vous existez? Vous vous taisez... votre visage n'est plus sévère... Ma mère!.. vous ai-je bien compris? vous nous pardonnez, vous nous pardonnez !

LA COMTESSE.

Non, Georges, mais je suis à bout de force devant ta tristesse et je laisserai maintenant à Dieu le soin de t'éclairer.

GEORGES.

Ah ! ma mère! (Gaîment.) Eh bien, soit! j'irai chez madame de Grandchamp, mais pour revenir, car je dînerai ce soir avec vous pour fêter cette sainte journée du pardon. Le temps de donner à Lucie la bonne nouvelle et je suis de retour.

BAPTISTINE, entrant, à la comtesse.

Madame, il y a là Rose Michel.

GEORGES.

Rose Michel!.. Ah! je vous la recommande encore celle-là, ma·mère... elle aussi est bonne et ne veut qu'une chose ici-bas... le bonheur de son enfant, comme vous!

LA COMTESSE.

Sois tranquille, Georges, je la connais.

GEORGES.

A tout à l'heure, ma mère, à tout à l'heure... Ah! vous me rendez bien heureux... à tout à l'heure.

Il sort.

SCÈNE III

LA COMTESSE, ROSE, BAPTISTINE.

LA COMTESSE, à part à Baptistine.

Faites entrer Rose Michel. (Baptistine va à la porte de gauche et fait signe à Rose qui entre. Elle est très-pâle et comme abattue.) Venez, Rose... j'ai de l'ouvragé à vous donner... de l'ouvrage qui demande tous vos soins... car c'est pour mon fils... mais je sais que je m'adresse à une habile brodeuse. (La regardant.) Eh bien ! qu'avez-vous donc ?.. vous ne répondez pas.

ROSE, qui est restée immobile.

Pardon... je remercie, madame la comtesse.

LA COMTESSE.

Et puis je voulais en même temps vous féliciter et vous faire moi-même mon cadeau de noces.... (Rose étonnée lève la tête.) Oh ! je sais tout !... on ne me cache rien à moi !... Votre fille se marie prochainement... elle épouse un de ses amis d'enfance qu'elle aime et dont elle est aimée. (Rose courbe la tête sans répondre.) Eh bien vous ne répondez pas encore... cela ne serait-ce pas vrai ? M'aurait-on trompée ?

ROSE, avec effort.

Non !... Louise se marie en effet. Dans trois mois elle sera la femme de Gilbert Bernard, le fils du syndic des graveurs.

LA COMTESSE.

C'est là un bel et bon mariage, Rose. Il est d'usage parmi les artisans de ne choisir pour syndic que le plus honnête et le plus estimé de la corporation... Etre son fils, c'est avoir son brevet d'honneur.

ROSE.

Effectivement, madame la comtesse, Gilbert est un honnête homme, comme son père !

LA COMTESSE.

Baptistine, donnez à Rose ce que nous avons préparé pour elle et puis... non, je veux y aller moi-même. (A Baptistine.) Venez avec moi. — Rose, je reviens dans un instant.

Elle sort avec Baptistine.

SCÈNE IV

ROSE, seule.

Oui, c'est un bel et bon mariage que Louise fera là... car elle le fera... C'est affreux ce qui se passe en moi depuis deux jours, c'est comme si je n'avais plus de cœur ni de conscience... Le crime de Pierre me poursuit.. Je vois toujours ce misérable son couteau ensanglanté à la main. J'entends le dernier cri de sa victime... le malheureux qu'il a tué m'implore... et je me tais !.. je me tais !.. je vois Louise expirant de douleur et de honte si je parle. Et si je livre le coupable, si Louise ne meurt pas de cette horrible épouvante, à quel avenir, pire cent fois que la mort, vais-je la réserver ? Louise, la fille d'un assassin !.. Cette horreur bouleverse à ce point ma raison que j'en arrive parfois à me faire à cette idée que je suis la complice de Pierre. Oh ! mon Dieu ! mon Dieu ! je sais bien que le sentiment de l'honneur devrait me donner du courage que Dieu punit ces infamies-là comme les autres... Mais faut-il que je déshonore mon enfant et que je brise cette chère existence tant menacée, tant de fois condamnée !.. Une grande douleur peut la tuer, disent-ils tous... et cette douleur, il faut que ce soit moi qui la lui apporte.. tout à l'heure... maintenant, à l'instant même !.. moi, sa mère, qui depuis seize ans n'existe que par elle et pour elle ! Mais après le crime, pas de vol au moins : cet argent maudit, la cause de tout, il a bien fallu que Pierre y renonçât. Je le lui ai arraché pour le rendre à qui il appartient... J'avais bien reconnu dans cet homme l'indigne mari de la femme qui aime le chevalier de Buissey. Cet argent volé sur lui, c'était le prix de son prochain départ, m'a dit Pierre... Que faire de cet argent ?.. l'enterrer... c'est une fortune : bien ou mal acquise elle est à la veuve ou à celui qui la donnait pour sa tranquillité. La retenir serait ajouter au crime une infamie... c'est donc une bonne inspiration de la restituer. Mais à qui? on me demandera d'où je l'aie eu... c'est nous dénoncer... il faut songer à tout quand on touche au crime. Le portefeuille doit revenir aux mains de M. de Buissey, comme s'il lui avait été secrètement renvoyé... il croira aux scrupules, aux remords du mari. Oui, voilà qui sauve tout, coupables et innocents. Où est la chambre de M. Georges? Que je glisse cet horrible dépôt dans quelque meuble.

SCÈNE V

ROSE, BAPTISTINE.

BAPTISTINE, un petit paquet à la main.

Madame la comtesse va être à vous dans un moment ; elle vous apporte elle-même ce qu'elle veut vous donner.

ROSE.

Merci.

Elle se dirige vers la gauche.

BAPTISTINE.

Où donc allez-vous ?

ROSE, jouant l'étonnement.

Mais ne m'avez vous pas dit que madame la comtesse m'attendait dans la chambre de son fils ?..

BAPTISTINE, riant.

Mais non, je n'ai pas dit cela ! et d'ailleurs la chambre de M. le comte n'est pas par là... elle est de ce côté... ou plutôt elle est ici.... c'est-à-dire que vous êtes dans son petit salon de travail et c'est pour cela que madame la comtesse s'y tient de préférence !

ROSE.

Pardonnez-moi, mademoiselle, j'avais mal entendu, je n'ai plus bien la tête à moi depuis quelque temps.

BAPTISTINE.

Il n'y a pas de mal.

Elle sort.

SCÈNE VI

ROSE, puis LA COMTESSE.

ROSE, allant mettre le portefeuille dans le tiroir du petit secrétaire.

Là ! dans ce meuble... il retrouvera l'argent et le por-feuille qu'il a donnés... nous sommes toujours des meur-triers, mais nous ne somme plus des voleurs !

LA COMTESSE, entrant un paquet et un petit écrin à la main.

Tenez, Rose... voici des broderies dont je vous charge... elles sont pour moi... je puis attendre... puis... prenez ceci... pour votre fille !...

ROSE, ouvrant l'écrin.

Oh ! madame !.. un bijou ! c'est trop, beaucoup trop.

LA COMTESSE.

Vous êtes de celles à qui on ne fait point de don d'ar-gent... Je l'avais au doigt le jour de mon mariage... il m'a porté bonheur.... il portera bonheur à Louise !

ROSE.

Vous avez toutes les bontés, madame.

LA COMTESSE.

Et maintenant allez travailler. Baptistine vous a tout pré-paré par là auprès d'elle. Bon courage, Rose.

ROSE.

Oh ! j'en ai toujours, madame, et j'en ai davantage quand il s'agit de vous.

Elle sort.

SCÈNE VII

LA COMTESSE, puis GEORGES.

LA COMTESSE, seule.

Comme elle est pâle... les privatious sans doute ?.. (Regardant la pendule.) mais que fait donc Georges ?.. est-ce que... (Souriant.) Non, je l'accusais à tort...

GEORGES, à la porte.

Ma mère, me voici à vous pour toute la journée. C'est Lucie qui l'a voulu ainsi.

LA COMTESSE, souriant.

Allons, je vois que je n'ai pas eu tort de pardonner... Elle est bonne.

GEORGES.

Oui... et ce jour pour elle aussi comptera comme un des plus heureux de sa vie.

UN DOMESTIQUE, annonçant.

M. de Parlieu.

SCÈNE VIII

LES MÊMES, DE PARLIEU.

LA COMTESSE, gaiement.

Ah ! arrivez, mon cher conseiller... cette fois vous ne dînerez pas seul avec votre vieille amie... Georges nous tiendra compagnie.

GEORGES, gaiement.

Et il est disposé cette fois, je vous en préviens, à tenir

tête à vos théories. Mais qu'avez vous donc ? vous paraissez
tout préoccupé.

DE PARLIEU.

J'ai en effet en ce moment une grave affaire dont je viens
d'être chargé à l'instant, qui me préoccupe et dont il faut
même que j'entretienne Georges en particulier.

GEORGES, étonné.

Moi!

DE PARLIEU.

Oui... il est des choses qui ne peuvent se remettre... Rassurez-vous, ce n'est qu'un renseignement à demander au
comte.

LA COMTESSE.

Soit! je vous cède la place, mais pour quelques instants
seulement : je n'ai pas Georges si souvent avec moi pour le
laisser longtemps à d'autres!

Elle sort.

SCÈNE IX

DE PARLIEU, GEORGES.

GEORGES, joyeusement.

De quoi s'agit-il, mon cher conseiller? Avec votre nouvelle mission, vous me faites trembler.

DE PARLIEU.

Georges, j'ai une nouvelle à vous apprendre. M... de
Grandchamp est mort !

GEORGES.

Mort !

DE PARLIEU.

Ou plutôt M. de Granchamp a été assassiné, et son cadavre
a été trouvé il y a une heure dans la Seine.

GEORGES.

Assassiné!... de Grandchamp... mais par qui?

DE PARLIEU.

C'est moi qui viens d'être chargé de rechercher le coupable (Avec émotion.) Georges, ce que je vais vous dire est un devoir que je remplis... Celui qu'on accuse de ce meurtre...

GEORGES.

Eh bien?

DE PARLIEU.

C'est vous!

GEORGES.

Moi! moi! Allons donc, ce n'est pas sérieusement que vous dites cela!

DE PARLIEU.

C'est ce que j'ai répondu moi-même tout à l'heure.

GEORGES.

Répondu... et à qui?

DE PARLIEU.

A ceux qui vous accusent!

GEORGES.

Il y a des gens qui osent m'accuser d'un crime! quels sont ces gens-là?

DE PARLIEU.

Des artisans qui sont venus me trouver il y a un instant; qui assistaient par hasard à la découverte du corps de M. de Grandchamp, et qui alors se sont immédiatement rappelé certaine menace que vous aviez faite le jour même du crime au mari de celle que vous aimez!

GEORGES.

Des artisans!

Portant ses mains à sa tête.

DE PARLIEU.

Des ouvriers graveurs qui, avant-hier, m'ont-ils dit, ont

été justement pris à témoin par M. de Grandchamp de la menace que vous lui faisiez de le tuer s'il se représentait chez vous : le soir même, et c'est à Suresnes, auprès d'une petite maison que vous avez cédée à madame de Grandchamp que son cadavre frappé d'un coup de couteau a été retrouvé.

GEORGES, avec un effort pour se contenir.

En effet, monsieur, je me souviens... ces artisans disent la vérité!.. Veuillez m'excuser, je commence à avoir la tête un peu brûlante. — Oui, ils ont dit la vérité. J'ai menacé M. de Grandchamp de le tuer s'il escaladait comme il l'avait déjà fait les murs de cette maison qui est à moi. Mais M. de Grandchamp n'a pas commis d'escalade cette fois... Il est entré dans ma maison par la porte.

DE PARLIEU.

Ah! vous reconnaissez!..

GEORGES.

Je reconnais ce qui est vrai... et je vous fais ce récit, monsieur, sans y être même invité par vous!.. oui, M. de Grandchamp est venu le soir à Suresnes sur mon invitation ou plutôt sur celle de sa femme.

DE PARLIEU.

C'est effectivement ce qui ressort de ce petit billet retrouvé sur lui et dont l'écriture alors serait de madame de Grandchamp.

GEORGES, regardant le billet.

C'est la sienne.

DE PARLIEU.

Et pourquoi, après avoir menacé M. de Grandchamp de le tuer, le faisiez-vous venir chez vous et à une heure aussi avancée de la soirée?.. Vous me pardonnez, Georges... mais si je vous questionne ainsi, c'est la hâte que j'ai de vous voir dissiper par vos réponses loyales des soupçons que je réprouve. Vous ne dites rien !

GEORGES, qui fait depuis quelques instants des efforts pour se contenir bondissant à la porte de gauche.

Ma mère! venez! venez !

DE PARLIEU.

Que faites-vous ?

SCÈNE X

LES MÊMES, LA COMTESSE.

GEORGES, à la comtesse.

Oui, j'ai besoin de vous sentir auprès de moi pour que votre vue me calme !... car on me torture le cœur en ce moment et Dieu m'est témoin que je n'ai jamais eu plus besoin de mon courage pour ne pas devenir fou de honte et de colère.

LA COMTESSE.

Qu'y a-t-il donc, mon Dieu !

DE PARLIEU.

Georges !

GEORGES.

Ma mère, M. de Grandchamp a été assassiné.

LA COMTESSE.

Assassiné !

GEORGES.

Et celui que M. de Parlieu accuse de ce crime, c'est moi !

LA COMTESSE, jetant un cri et allant à lui.

Mon fils !

GEORGES.

Moi, votre enfant, moi, le fils d'un soldat, moi à qui votre maison et celle de mon père ont légué cinq cents ans de noblesse et d'honneur !

DE PARLIEU.

Monsieur de Buissey, vous me rendez encore plus douloureux l'acte pénible que j'ai à accomplir. J'étais venu à vous et j'y viens encore, seul, avec cette conviction que vous allez d'un mot faire rentrer cette injuste accusation sous terre et c'est par la colère que vous me répondez. Je n'en ferai pas moins mon devoir jusqu'au bout. Et puisque vous voulez que cet interrogatoire ait lieu devant votre mère, soit ! mais que Dieu vous pardonne le mal que vous pouvez lui faire.

LA COMTESSE.

Monsieur de Parlieu !

DE PARLIEU.

Comte de Buissey, vous n'avez pas encore répondu à ma dernière question. Pourquoi madame de Grandchamp autorisée par vous a-t-elle écrit à son mari de venir vous trouver à Suresnes à dix heures du soir, et cela le jour même où vous l'aviez menacé de mort ?

GEORGES, cherchant à se maîtriser.

Mon Dieu ! mon Dieu !

LA COMTESSE.

Georges... mon fils... répondez au conseiller, il a raison, avec du calme, d'un mot vous allez le convaincre de ce qu'il sait bien d'ailleurs, c'est que cette accusation est folle !

GEORGES, relevant la tête.

Eh bien soit ! M. de Grandchamp après cinq ans d'abandon était venu retrouver la comtesse ! Je n'ai pas à respecter la mémoire d'un misérable, M. de Grandchamp était une âme vile qui ne pouvait croire à la pureté de sa femme. J'avais cru devoir défendre madame de Grandchamp contre lui, et à ma provocation il avait répondu par la menace d'un procès en adultère.

DE PARLIEU.

C'est vrai ! ces jeunes gens ont aussi entendu cette menace.

GEORGES, se levant.

Nous savions bien, Lucie et moi, à quoi cette parole tendait... M. de Grandchamp voulait de l'argent... Pour ma mère, pour Lucie, que ce procès — car il l'eût fait — aurait désespérées, je me décidai à lui en donner. Mais je voulais en finir une fois pour toutes avec ce personnage et je résolus

de lui offrir une somme assez importante pour qu'il consen-
tît à partir pour toujours. Comme nous n'en doutions pas,
M. de Grandchamp vint à l'heure désignée et moyennant cent
mille livres que je lui remis en quatre billets de caisse cha-
cun de vingt-cinq mille livres, il s'engagea par écrit à ne jamais reparaître en France et autorisa sa femme à agir désormais comme si elle était veuve! Cet engagement, je l'ai là,
dans ce tiroir... prêt à être montré. En nous quittant, M. de
Grandchamp devait gagner à l'instant même le Havre de façon à s'embarquer pour l'Amérique par le premier bateau
en partance. C'est probablement en route qu'il aura été assassiné par des gens à qui il aura eu l'imprudence de mon-
trer sa nouvelle fortune. Vous avez voulu que je vous dise
la vérité pour me justifier, monsieur, je viens de vous la
dire.

DE PARLIEU, avec joie, serrant la main de Georges.

Merci, Georges, je suis heureux de vos paroles, et comme
l'a dit madame votre mère, à présent cette accusation est
folle. La somme d'argent que M. de Grandchamp avait sur
lui et dont nous ignorions l'existence explique tout... Le baron a été assassiné, puis dépouillé... Je puis le dire maintenant, les soupçons qui pesaient sur vous étaient, hélas! ter-
ribles. En effet, aux yeux du monde qui, excepté vous,
avait intérêt à la disparition de M. de Grandchamp? Montrez-
moi ce marché comme vous me l'aviez offert et laissez-moi
enregistrer au plus tôt vos loyales réponses.

GEORGES, va au petit meuble s'arrêtant et regardant le portefeuille
que Rose a déposé dans un des tiroirs.

Pourquoi donc ce portefeuille se trouve-t-il dans ce tiroir?
(Sans le donner et cherchant dans sa mémoire.) C'est bizarre!...

DE PARLIEU.

Quoi donc?

GEORGES.

On dirait que c'est celui-là même que j'ai remis à Grandchamp. Des billets de caisse! quatre! mais ce sont bien les
quatre billets que j'ai donnés au baron, parbleu oui, je les
reconnais!... Mais comment ce portefeuille se retrouve-t-il
ici?

DE PARLIEU.

Oui, Georges, comment cette somme que vous avez remise

au baron, cette somme qui expliquait tout le crime, comment se retrouve-t-elle en effet ici, chez vous?

GEORGES.

Mais c'est ce que je vous demande moi-même, sinon à vous, mais aux miens, à tous. Voyons, je n'ai pas rêvé, j'ai parfaitement remis cet argent et ce portefeuille à M. de Granchamp... Alors comment se fait-il, le crime commis, que cet argent se retrouve là dans ce meuble?

DE PARLIEU.

Georges, cette explication que vous réclamez... le seul qui puisse la fournir, c'est vous.

GEORGES.

Moi! encore!

DE PARLIEU.

Et vous la donnerez au plus tôt, j'en suis sûr, quand vous comprendrez à quel point elle est nécessaire pour votre entière justification.

GEORGES.

Je vous donne ma parole de gentilhomme que j'ignore comment ce portefeuille a pu se retrouver chez moi.

DE PARLIEU.

Il faut pourtant que sa présence ici s'explique et sans retard, car si le vol ne justifie pas l'assassinat de M. de Granchamp... si l'argent promis ne lui a pas été donné, qui donc avait intérêt à commettre ce crime?

GEORGES, avec fièvre.

Je ne sais pas... mais je ne sais pas!

DE PARLIEU, après un silence.

Je vais accomplir un acte qui sera une des douleurs de ma vie mais que mon devoir et que ma conscience m'imposent. En attendant que la vérité se découvre, comte de Buissey, je vous arrête!

LA COMTESSE, avec un cri se précipitant vers son fils qu'elle prend dans ses bras comme pour le protéger.

Ah! mon fils! l'arrêter! mais vous n'y songez pas... l'arrêter, lui, mais ce n'est donc pas assez que depuis une heure vous le torturiez avec vos infâmes soupçons !

DE PARLIEU.

Georges, c'est à vous que je fais appel, c'est à vous que je demande de donner du courage à votre mère.

GEORGES, avec effort.

Oui, vous avez raison... ma mère, laissez faire M. de Parlieu, il accomplit un devoir, l'éclaircissement qu'il veut peut venir demain, ce soir, dans quelques heures, ne nous opposons pas à cette recherche. Souvenons-nous que nous sommes des Buissey et que nous avons pour devise : Obéissance à Dieu et au roi.

LA COMTESSE.

Mon fils !..

GEORGES, sur un signe de de Parlieu.

Je vous suis...

LA COMTESSE.

Ah! Georges!.. mon enfant... mon enfant!..

Il suit de Parlieu.

SCÈNE XI

LA COMTESSE, ROSE.

LA COMTESSE, tendant les mains vers Georges.

Ah mon fils! mon Georges !

Elle tombe sur le canapé.

ROSE, entrant par la porte de gauche.

Qu'y a-t-il donc, mon Dieu!..

LA COMTESSE, *d'une voix entrecoupée.*

Il y a... qu'on arrête mon fils et qu'on l'accuse... d'avoir assassiné M. le baron de Grandchamp.

ROSE.

De Grandchamp... oh !

Elle recule effarée en s'appuyant aux meubles pour ne pas tomber.

Rideau.

ACTE QUATRIÈME

Le cabinet de de Parlieu. — Porte au fond. — Deux portes de chaque côté,
droite et gauche. — Bibliothèque, fauteuils, table chaises, etc.

———

SCÈNE PREMIÈRE

DE PARLIEU, LA COMTESSE.

L'HUISSIER, annonçant par la porte du fond.

Madame la comtesse de Buissey est là.

DE PARLIEU, allant vivement à la comtesse qui entre.

Eh bien ?

LA COMTESSE.

J'arrive de chez le roi ; il n'a rien voulu entendre ! M.
de Parlieu, a-t-il répondu, est chargé de cette affaire
l'heure de l'exemple est venue ! et je n'ai plus rien à dire,
moi, quand la justice parle.

DE PARLIEU, baissant la tête.

C'est bien !

LA COMTESSE.

Ainsi, mon ami, c'est entre vos mains, entre vos mains
seules qu'est maintenant le sort de mon fils !

DE PARLIEU.

Tout ce que je pourrai faire, je le ferai ! et si je ne réussis
pas c'est que Dieu ne le voudra pas !

LA COMTESSE.

Mais Dieu le voudra !

DE PARLIEU.

J'ai aujourd'hui une déposition importante à écouter et qui pourra peut-être me donner un bon résultat, la déposition du cabaretier Pierre Michel de Suresnes... vous l'entendrez et Georges l'entendra aussi... Quelque détail important pourrait m'échapper, vous serez là.

LA COMTESSE.

Merci.

DE PARLIEU.

En attendant que ces témoins arrivent, allez auprès de Georges que j'ai fait transférer ici, allez lui donner du courage.

La comtesse entre à gauche.

SCÈNE II

DE PARLIEU, l'Huissier, puis ROSE.

DE PARLIEU, voyant rentrer l'huissier.

Qu'y a-t-il ?

L'HUISSIER.

Monseigneur, c'est cette femme qui est déjà venue hier et qui a attendu toute la soirée.

DE PARLIEU.

Que me veut-elle ?

L'HUISSIER.

Elle a, paraît-il, des choses graves à communiquer à monseigneur, à propos du procès de M. le comte de Buissey.

DE PARLIEU, se levant.

Que ne le disiez-vous plustôt, qu'elle entre.

5

ROSE, entrant vivement et se précipitant aux genoux de de Parlieu.

Ah! monsieur! monseigneur!

DE PARLIEU.

Dites ce que vous avez à me dire.

ROSE.

Monseigneur, M. de Buissey est innocent!.. c'est un crime, un crime que de l'avoir arrêté et que de l'accuser de ce meurtre... ce n'est pas lui, monseigneur, ce n'est pas lui! Mais... vous ne connaissez donc pas M. Georges? C'est l'honneur et la loyauté même! lui, commettre un crime, assassiner! mais c'est blasphémer Dieu que de dire cela!

DE PARLIEU.

Pourquoi portez-vous tant d'intérêt à M. de Buissey?.. Qui êtes-vous?

ROSE.

Moi... je ne suis rien... rien qu'une pauvre femme qui souffre bien, allez! J'aime M. Georges parce qu'il est bon et que sa mère madame de Buissey est la meilleure des créatures de Dieu... Hier encore elle m'a donné un diamant pour ma fille, pour ma Louise! son cadeau de noce!.. Ah! monseigneur! monseigneur! ne désespérez pas plus longtemps cette famille... faites ouvrir la porte de la prison à M. le comte, je vous le dis, je vous le jure, ce n'est pas lui le meurtrier... ce n'est pas lui!

DE PARLIEU

Dites-moi donc ce que vous savez et ce qui peut mettre la justice sur la trace du vrai coupable?

ROSE, se levant.

Le vrai coupable! mais je ne le connais pas, monseigneur, je ne le connais pas!

DE PARLIEU.

Il ne suffit pas de dire à la justice qu'on ne connaît pas le coupable... ce qu'il faut apporter quand on veut sauver un accusé, ce sont des preuves de son innocence et non des paroles.

ROSE.

Des preuves de son innocence... mais vous, monseigneur,

vous qui êtes l'ami de M. de Buissey, lesquelles avez-vous de sa culpabilité?

DE PARLIEU, tristement.

Hélas, une preuve jusqu'à présent irrécusable!..

ROSE, s'oubliant.

Irrécusable! C'est impossible, monseigneur!

DE PARLIEU.

Impossible, mais ce portefeuille...

ROSE.

Quel portefeuille?

DE PARLIEU.

Le portefeuille trouvé dans un meuble de son appartement et qui contenait encore les cent mille livres promises, lesquelles ont dû évidemment servir de piége pour attirer le baron à Suresnes?

ROSE, affolée.

Le portefeuille!.. on a trouvé le...

DE PARLIEU.

Le voilà!

ROSE.

Et c'est cela, oui, c'est bien cela, n'est-ce pas? qui est aujourd'hui la preuve, l'unique preuve de la culpabilité de M. le comte!

DE PARLIEU.

Vous l'avez dit... l'unique preuve!

ROSE, à part.

Oh! quelle fatalité horrible! quelle malédiction pèse sur moi!.. Eh quoi! accusé du crime que cet infâme a commis, condamné par mon silence, assassiné plus lâchement encore que celui que l'on accuse d'avoir tué! Mais où m'entraîne mon indigne faiblesse! c'est monstrueux! mais je suis aussi coupable que l'autre à présent!.. Oh! tais-toi donc, lâche cœur de mère! parle donc Rose!

DE PARLIEU.

Ainsi vous n'avez rien à m'apprendre pour la défense du comte de Buissey ?

ROSE, haut.

Monseigneur, ce portefeuille, cette preuve unique, peut être anéantie par d'autres…

DE PARLIEU, se lève.

Que voulez-vous dire ?

ROSE.

Je veux dire qu'il peut y avoir des témoins de ce meurtre : est-ce que vous n'allez pas les rechercher ?

DE PARLIEU.

C'est à la fois le devoir de ma conscience et de mon dévouement à Georges de Buissey.

ROSE.

Et s'ils refusaient de vous apprendre ce qu'ils savent ?

DE PARLIEU.

Ils seraient lâches et traîtres.

ROSE.

N'est-ce pas, monseigneur, qu'on est traître et lâche, quand notre silence sauve un coupable et sacrifie un innocent ?

DE PARLIEU.

C'est un crime en effet qui égale les plus grands et que la loi punit aussi.

ROSE.

Ah! vous voyez!.. monseigneur une telle horreur ne s'accomplira pas! le vrai coupable n'assumera pas ce nouveau forfait sans se trahir, les témoins de ce crime vous prouveront bien que M. de Buissey n'est pas le meurtrier puisque…

A ce moment la porte du fond s'ouvre et Louise paraît précédant M. Bernard et Gilbert conduits par l'huissier. — Rose en la voyant s'arrête.

SCÈNE III

Les Mêmes, LOUISE, BERNARD, GILBERT.

LOUISE, apercevant Rose.

Ma mère !

DE PARLIEU, à Rose.

Achevez donc, M. de Buissey n'est pas le vrai coupable, disiez-vous, puisque...

ROSE, les yeux sur Louise.

Je ne sais pas... je ne sais pas! excusez-moi, monseigneur... mais je ne suis un peu folle, voyez-vous et souvent je parle à tort et à travers. Comment voulez-vous que je connaisse le vrai coupable moi, est-ce que je suis la justice? Excusez-moi! excusez-moi!

LOUISE.

Ma mère, mais qu'avez-vous? votre main est glacée...

BERNARD.

Oui, vos jambes fléchissent.

ROSE.

Ce n'est rien! Monseigneur pardonnera... c'est la joie, le plaisir de voir mon enfant, oui c'est cela! Louise! ma fille! ma fille chérie, je suis heureuse de te voir, bien heureuse!

BERNARD, à de Parlieu.

Excusez en effet cette brave femme, monseigneur, elle n'a pas le bonheur de voir souvent sa fille, et chaque fois qu'elle la rencontre, ce sont des larmes semblables. Vous nous avez fait citer monseigneur, cette jeune fille, mon fils et moi, nous voici à vos ordres.

.   DE PARLIEU.

Dans un instant. (Montrant Rose.) Comment se nomme cette femme ?

BERNARD.

Rose Michel !

DE PARLIEU.

Rose Michel, la femme de Pierre Michel, le cabaretier de Suresnes ?

BERNARD.

C'est cela même, monseigneur ce sont les parents de cette jeune fille.

DE PARLIEU.

Bien. (Allant à Rose.) Rose... ne vous éloignez pas.

ROSE.

Pourquoi ?

DE PARLIEU.

Mais parce qu'il faut que je vous interroge encore ; ne sommes-nous pas tous les deux des amis de M. de Buissey ?

ROSE.

J'obéis, monseigneur, j'obéis. (A part.) Est-ce que j'aurais parlé?

Elle sort par la première porte de droite.

SCÈNE IV

Les Mêmes, moins ROSE.

DE PARLIEU, aux trois témoins.

Asseyez-vous! (On lui obéit.) Vous vous nommez André Bernard et votre fils Gilbert Bernard, vous étiez chez vous quand madame de Grandchamp y est entrée poursuivie par son mari, et vous avez entendu la menace de mort que le comte de Buissey a proférée contre le baron de Grandchamp?

BERNARD.

Oui, monseigneur, mais dans notre conviction à tous

M. de Buissey n'adressait cette menace qu'à celui qui escaladait sa maison...

DE PARLIEU, l'interrompant.

Est-ce avant ou après cette menace que M. de Grandchamp avait annoncé au comte l'intention de le poursuivre
en adultère ?

BERNARD.

C'est après...

DE PARLIEU.

Vous êtes sûr de votre réponse?..

BERNARD.

Oh ! absolument, et mon fils et Louise le sont aussi.

GILBERT.

M. le comte n'a menacé M. de Grandchamp que pour le
cas où celui-ci s'introduirait par escalade dans sa maison,
comme il l'avait déjà fait paraît-il. Après cette menace seulement, M. de Grandchamp a répondu par une autre menace
de poursuite en adultère.

DE PARLIEU.

Vous ne savez pas autre chose ?

BERNARD.

Non, monseigneur.

DE PARLIEU.

Tenez-vous encore quelque temps à ma disposition... je
puis avoir à vous rappeler.

BERNARD.

Bien, monseigneur! Viens Louise.

Ils sortent.

L'HUISSIER.

Monseigneur, Pierre Michel et son garçon sont arrivés.

DE PARLIEU.

Prévenez d'abord M. le comte et madame la comtesse de
Buissey.

SCÈNE V

Les Mêmes, GEORGES, LA COMTESSE, puis PIERRE et MOULINET.

GEORGES, entrant.

Que désirez-vous de moi, monsieur ?

DE PARLIEU.

Que vous assistiez à l'interrogatoire qui va avoir lieu ; il peut tout éclaircir, Georges, et amener la fin de ce mauvais rêve.

GEORGES.

C'est bien ! je vous remercie.

DE PARLIEU, à l'huissier.

Introduisez les témoins.

L'HUISSIER.

Par ici, braves gens, par ici.

Entrée de Pierre et de Moulinet.

PIERRE, à la porte.

C'est ici, monsieur le grand conseiller de Parlieu ?

MOULINET, un papier à la main.

Celui qui nous a envoyé ce papier marqué-là pour venir le voir aujourd'hui à Paris.

DE PARLIEU.

Oui. Asseyez-vous !... (Ils obéissent.) Vous vous appelez ?

PIERRE.

Jean-Pierre Michel, cabaretier à Suresnes.

MOULINET.

Et moi, Jacques-Joseph-Athanase Moulinet, apprenti aubergiste.

DE PARLIEU.

C'est chez vous, n'est-il pas vrai, que M. de Grandchamp est entré avant d'aller trouver, dans sa petite maison de Suresnes, M. le comte de Buissey?

PIERRE.

Oui, monsieur le juge, c'est chez moi.

MOULINET.

C'est chez nous, même que c'est moi qui l'a servi et que...

DE PARLIEU, lui faisant signe d'attendre.

Dans un instant. (A Pierre.) Il était près de dix heures, n'est-ce pas?

PIERRE.

Oui, il était dans ces environs-là!

MOULINET.

Dix moins dix... j'ons regardé le coucou!

DE PARLIEU.

M. de Granchamp a causé avec vous, il semblait vous connaître?

PIERRE, étonné.

Oui, il a causé... mais qui a pu vous dire?.. nous étions seuls dans mon cabaret à ce moment.

MOULINET.

Mais moi, pardienne!.. j'ai déjà jacassé avec le greffier à monsieur!

PIERRE.

Ah!

DE PARLIEU.

D'où connaissiez-vous M. de Grandchamp?

PIERRE.

Je le connaissais d'autrefois, quand j'étais garçon cabaretier, il venait boire dans la maison où j'ai servi.

DE PARLIEU.

Que vous a-t-il dit dans cette conversation?

PIERRE.

Mais rien d'important.

MOULINET.

Ah! moi j'ai entendu!

PIERRE, vivement.

Quoi donc?

MOULINET.

Qu'il vous appelait coquin.

PIERRE.

M. de Grandchamp avait l'habitude de me traiter familiè-
rement jadis et il a continué...

DE PARLIEU.

Il ne vous a pas parlé de la visite si tardive qu'il venait
faire à Suresnes?

PIERRE.

Si, si... il m'a dit qu'il allait chez M. de Buissey avec qui
il avait eu des mots dans la journée, afin de le surprendre en
flagrant délit d'habitation avec sa femme comme il disait, il
a même ajouté : je sais bien que M. le comte est un peu vif
et qu'il y a peut-être pour moi quelque danger à aller frapper à sa porte à cette heure-ci, mais je ne veux pas qu'il
soit dit qu'un Grandchamp a eu peur.

DE PARLIEU.

Mais il ne vous a point parlé de la lettre de madame de
Grandchamp qui le conviait à ce rendez-vous, ce qui devait
lui ôter toute crainte d'un conflit avec M. de Buissey?

PIERRE.

Ah!... il y avait une lettre de... il ne m'a rien dit de ça.

DE PARLIEU.

Alors d'après vous, il semblait préoccupé de cette visite?

PIERRE.

Oh! très-préoccupé... même qu'il m'a dit... je me le rap-
pelle comme si je l'entendais... vois-tu, Pierre, tu vas dire
que c'est des bêtises, mais j'ai dans l'idée que je ne sortirai
pas vivant de cette maison-là.

GEORGES, faisant un pas.

Monsieur!

PIERRE.

Il l'a dit!

MOULINET.

Ah ben! moi, c'est drôle, ça ne m'a pas fait cet effet-là,
quand il est parti, il riait et il a encore dit : bonsoir, coquin.

PIERRE.

T'as mal vu et entendu que je te dis, je sommes devant la
justice; ce n'est pas le moment d'y mentir!

DE PARLIEU.

Néanmoins, mon ami, prenez garde, les paroles que vous
attribuez à M. de Grandchamp sont graves.

GEORGES.

Oui, Pierre, c'est de ma vie et de mon honneur qu'il s'agit,
rappelez-vous bien... M. de Grandchamp craignait-il en effet
de me rencontrer et ne paraissait-il pas au contraire avoir
déjà compris ce qu'on voulait de lui?

PIERRE.

J'ons dit la vérité! je suis prêt à le jurer!

MOULINET, à part.

Ce serment-là...

DE PARLIEU.

Et à partir du moment où il vous a quitté, vous n'avez
pas revu M. de Grandchamp?

PIERRE.

Non!.. je ne l'ons pas revu... je me sommes couché, ma femme aussi, Moulinet aussi.

DE PARLIEU.

Pourtant, vers une ou deux heures du matin, on a frappé à votre porte et on a cru reconnaître la voix de M. de Grandchamp.

PIERRE.

Qu'est-ce qui a dit cela ?..

MOULINET.

Encore moi!.. Dame! j'ai entendu, pas vrai, je le dis!

DE PARLIEU.

Parlez, Pierre... ceci est de la dernière importance... Si en effet M. de Grandchamp est revenu frapper chez vous et si vous ne lui avez pas ouvert à cause de l'heure avancée, on peut s'expliquer que des malfaiteurs l'aient rencontré sur la route et aient profité de sa solitude pour le tuer.

LA COMTESSE.

Oui, monsieur Pierre... cette supposition est possible, elle doit être la vraie.

GEORGES.

Et elle l'est certainement! Pierre, rappelez-vous, je ne vous accuse pas de mensonge, mais vous pouvez n'avoir pas entendu, songez que ce serait charger votre conscience d'un crime que de ne pas dire toute la vérité... Vous êtes le mari d'une brave et honnête femme, vous aussi vous êtes un honnête homme, vous n'avez pas de haine contre moi, je ne vous ai causé ni ennuis ni dommages... n'est-ce pas que M. de Grandchamp est revenu frapper à votre porte et que dans votre conviction il a été assassiné sur la route par des gens qui voulaient le dépouiller?

PIERRE.

Oui, tout cela serait possible, mais il n'y est pas revenu.

GEORGES.

Mais puisque votre garçon affirme...

PIERRE.

Moulinet n'affirme rien... il couche dans une soupente qui
est au-dessus de la cuisine et c'est lui qu'est le plus loin de
nous tous de la porte d'entrée; moi je couche juste à côté, et
je vous dis que je n'ai rien entendu que le vent qui cognait
les volets et qui se plaignait dans les arbres, c'est ça qui lui
a peut-être fait croire qu'on avait frappé et parlé sur le chemin.

DE PARLIEU.

En effet, c'est possible!

MOULINET.

N'empêche que la bourgeoise, madame Rose, était de mon
avis.

PIERRE, vivement.

Ah!

MOULINET.

Et que quand j'y ai dit le matin que le monsieur bien mis
de la veille était revenu frapper dans la nuit, elle n'a rien
répondu, preuve que c'était vrai !

PIERRE.

Qu'est-ce que tu voulais qu'elle réponde, imbécile ?

MOULINET.

Pardine! ce qu'elle m'aurait répondu si vous lui aviez
laissé le temps... mais comme elle ouvrait la bouche, vous
lui avez pris tout de suite le bras, et vous y avez fait : Tu
sais que Louise t'attend là-haut ! Et en s'en allant avec vous
je l'ai bien entendue qui vous disait tout bas: C'est vrai que
tu feras tant que je ne parlerai pas, ah !

DE PARLIEU, à Pierre.

Pourquoi vouliez-vous que votre femme ne parlât pas et
quel secret désiriez-vous tenir caché ?

PIERRE.

Mais aucun... Moulinet ne sait pas ce qu'il dit !.. J'aurai
peut-être dit à Rose qu'elle perdait son temps à parler avec
cet animal-là... et voilà tout...

MOULINET.

Eh bien moi, monsieur le juge, devant vous j'ai pas peur de parler, parce que le cachalot, j'veux dire le patron, ne peut rien me faire ici !... A votre place... je m'arrangerais de façon pour que madame Michel vous raconte tout... je parie qu'elle connaît le fin fond de l'affaire.

PIERRE.

Moulinet !... Monsieur le juge, vous n'allez pas écouter ce petit bavard-là... Qu'est-ce que voulez que ma femme sache ? elle est malade... et n'est occupée que d'une chose... du mariage de sa fille... D'abord je ne suis pas bien certain qu'elle soit aujourd'hui à Suresnes, et comme elle doit partir au pays chercher des papiers pour ce mariage, peut-être bien qu'à cette heure-ci...

DE PARLIEU, qui a sonné, à l'huissier.

Prévenez Rose Michel que je désire la revoir.

PIERRE.

Hein ! Rose !..

DE PARLIEU.

Votre femme est ici... elle est déjà venue ce matin m'affirmer l'innocence du comte.

PIERRE, très-inquiet.

Ah ! elle est venue...

GEORGES.

C'est une brave et honnête femme, si elle sait quelque chose qui puisse me sauver, elle le dira, j'en suis sûr.

PIERRE.

Monsieur le juge, je vas vous dire... faut vous défier de Rose... elle est malade, je vous le répète... elle n'a pas la tête bien solide... si par hasard vous savez... elle vous disait des choses qui auraient l'air comme ça d'être des histoires de l'autre monde... eh bien faudrait y parler tout de suite de sa fille... de Louise... ça la remettrait aussitôt dans le droit chemin.

DE PARLIEU.

C'est d'autant plus facile que mademoiselle Louise est également ici !...

PIERRE.

Ici! (A part.) ah ben! alors je respire, elle ne dira rien!

L'HUISSIER, revenant.

Voici madame Rose.

DE PARLIEU, à Pierre et à Moulinet.

Allez... je vous rappellerai tout à l'heure.

PIERRE.

A vos ordres, monsieur le juge.

Ils sortent par la gauche.

LA COMTESSE.

Rose! oh! oui, monsieur le conseiller, si c'est elle qui peut sauver mon fils... j'espère...

SCÈNE VI

DE PARLIEU, LE CHEVALIER, LUCIE, LA COMTESSE, ROSE.

ROSE, entrant.

Vous m'avez fait appeler, monseigneur ? Ah! madame la comtesse, M. Georges.

DE PARLIEU.

Rose Michel... vous êtes l'amie de M. de Buissey, vous aimez madame la comtesse, vous ne pouvez vouloir que la fin de leurs épreuves? pourquoi ne les aidez-vous pas à en sortir ?

ROSE.

Moi!...

DE PARLIEU.

Vous savez quelque chose que vous ne voulez point dire, quelque chose qui mettrait un terme à leur douleur ; je pourrais vous obliger à parler, la justice m'en donne le droit, mais j'aime mieux m'adresser à votre cœur, à votre loyauté !..

ROSE.

Monseigneur !... mais qui vous a dit que je savais... que je savais quelque chose que je tenais caché ?..

LA COMTESSE.

Rose ! vous êtes mère !.. vous aimez votre enfant ! vous savez ce qu'on peut souffrir de savoir le sien malheureux... Au nom de votre fille, si vous connaissez quoi que ce soit qui puisse éclairer le conseiller, dites-le, Rose, dites-le !

ROSE.

Ma fille !.. mais encore une fois je ne sais rien, je ne connais rien ! que cette vérité éclatante comme la bonté divine que M. le comte est innocent !

DE PARLIEU.

Rose, prenez-y garde !.. déja votre visite de ce matin, l'espèce de demi-aveu que vous avez commencé, tout cela est grave... et si ma prière ne suffisait pas et restait sans effet...

ROSE.

Que feriez-vous donc ? vous m'arrèteriez ! Eh bien ! soit !

GEORGES.

Non, pas de menaces. Rose, je vous supplie aussi... ce n'est pas la mort qui me fait peur c'est le déshonneur, si vous savez quelque chose, ne restez pas silencieuse, aidez-moi à relever la tête, aidez-moi à ne pas quitter la vie, avec cette flétrissure que je meurs pour avoir commis un crime, car cette idée me rend fou.

LA COMTESSE.

Ma bonne Rose... il ne se peut pas que vous nous vouliez du mal ! Nous ne vous avons rien fait, n'est-ce pas ? Au nom du ciel, au nom de la vie de mon fils, parlez ! parlez !

ROSE, se prenant la tête dans les mains.

Mon Dieu ! mon Dieu ! mais vous voulez donc me rendre folle, mais c'est comme si ma tête éclatait !

LA COMTESSE.

Tenez, c'est à genoux que je vous implore.

ROSE, à part.

Ah ! Seigneur... Seigneur ! où est le devoir ? De quelque côté que je regarde, c'est l'abîme ! Mon Dieu ! vous ne voulez donc pas m'indiquer ma route ! vous ne voulez pas avoir pitié de moi ! Je ne peux pourtant pas laisser des honnêtes gens du bon Dieu pleurer à mes genoux... Ecoutez, je sais... je crois savoir une chose qui prouverait l'innocence de M. le comte. (Mouvement.) Oh ! mais il ne faut pas me la demander tout de suite... il faut me laisser le temps de rassembler mes idées, mes souvenirs. Ça me bout là-dedans, voyez-vous... et je ne suis pas très-forte de santé. (A de Parlieu.) Dix minutes, voulez-vous me donner dix minutes et peut-être qu'après... Eh bien oui ! je parlerai !

DE PARLIEU.

Soit ! dans dix minutes... nous reviendrons vous retrouver ici et vous rappeler votre parole... Venez, mes amis, venez !

Ils sortent par la deuxième porte de gauche.

SCÈNE VII

ROSE, LOUISE, Rose les regarde sortir, puis quand elle est seule, elle va vivement à la première porte de droite, l'ouvre et appelle.

ROSE.

Louise !

LOUISE, entrant.

Ma mère ! vous êtes seule ?

ROSE, lui prenant la main.

Louise, mon enfant, écoute ! le moment est grave, regarde-moi en face... Tu aimes bien Gilbert, n'est-ce pas ?

LOUISE.

Vous le savez, ma mère !

ROSE.

Mais tu l'aimes à tout lui sacrifier, n'est-il pas vrai, tout ?

LOUISE.

Tout !

ROSE.

Eh bien ! écoute, si quelque chose... si un événement terrible, effroyable... empêchait tout à coup que tu l'épouses...

LOUISE, chancelant.

Ah !

ROSE, continuant.

Oui, si je venais te dire... Louise... il ne faut plus penser à cet amour, il faut oublier non-seulement Gilbert, mais jusqu'à son nom. Qu'est-ce que tu répondrais ? oui, qu'est-ce que tu répondrais ?

LOUISE.

Je répondrais ma mère, qu'il faudrait alors prier pour votre fille, afin qu'en quelques jours le chagrin et la honte ne la tuent pas !

ROSE, avec un cri.

Louise !.. Voyons... parlons avec calme ! tu vois bien que j'en ai, moi, du calme, et Dieu sait si la tête me brûle et si j'ai l'âme bouleversée. Mon enfant ! ma fille ! à ton âge on a comme cela des amours qu'on croit éternels et puis qui avec le temps se passent ! (Mouvement de Louise.) Oh ! je sais bien que je te dis là des choses que je ne devrais pas te dire ! t'es honnête toi, tu n'aimeras qu'une fois dans ta vie ! mais n'importe... il faut essayer de tout... vois-tu, Louise, ce que je te raconte-là s'est vu... peut-être que dans un an, dans cinq... tu auras perdu le souvenir de Gilbert et alors tu riras toi-même d'avoir dit que tu mourrais si tu ne l'épousais pas ! Est-ce vrai ce que je te dis ?.. Mais réponds-moi donc ? tu vois bien qu'il faut que tu me répondes !..

LOUISE.

Ma mère, je ne sais pourquoi vous me faites toutes ces questions... je vois bien que c'est pour une raison grave, autrement vous ne me causeriez pas ce mal-là. Mais puisque je dois vous parler avec vérité, eh bien! oui, je me suis souvent adressé à moi-même cette demande et toujours mon cœur s'est serré à m'étouffer et il y avait comme une voix qui me disait... oui, si je perdais Gilbert, je mourrais!..

ROSE.

Ah! mon Dieu! mon Dieu! mais qu'est-ce que j'ai donc fait au bon Dieu pour être si malheureuse?.. Voyons Louise viens là... près de moi, (Elle la fait asseoir et s'assecit à côté d'elle.) et surtout ne me regarde pas avec des yeux pleins de larmes parce que je ne saurai plus ce que j'ai à te dire!.. Suppose tout! Quelque chose d'abominable, de monstrueux qui fait que ton mariage ne peut pas avoir lieu... Eh bien! comme tu es une fille de courage, nous partons toutes les deux, loin, bien loin de ce pays... nous nous établissons à la campagne au milieu des fleurs et des arbres, et là en travaillant bien et en priant Dieu nous cherchons à oublier, moi... cette chose abominable et toi ton Gilbert.

LOUISE.

Ma mère!

ROSE.

Tiens, essaye... nous y sommes dans cette campagne... toutes les deux... nous revenons de l'église, un dimanche... moi, je te tiens bien serrée contre moi, comme ça... pour voir si tes larmes coulent encore, et je m'aperçois que tout à coup Dieu a eu pitié de toi et que tu ne pleures plus et que t'es consolée. Alors, pour tenter l'épreuve, je te dis : Gilbert, tu me regardes et tu souris doucement sans parler, tu es guérie! tu es guérie!

LOUISE.

Non, ma mère! je serai morte je serai morte!

ROSE, avec colère.

Mais c'est pas toujours de dire que tu seras morte, je te dis d'essayer!

LOUISE.

Oui, ma mère, essayons!

ROSE.

Il y a deux ans de passés, le ciel est beau, les oiseaux chantent, je te regarde... tes yeux sont doux, mais pas humides. Je te dis... n'est-ce pas, Louise, que tu ne penses plus à Gilbert? Et tu me réponds : Non ma mère, je n'y pense plus et je remercie Dieu de m'avoir consolée... dis-moi un peu ces mots-là pour voir.

LOUISE, s'efforçant.

Non, ma mère, je n'y pense plus!.. et je remercie Dieu de m'avoir consolée.

ROSE.

Alors, arrive une lettre et cette lettre... — ce que je vais te dire c'est pour te prouver comme tu es devenue forte — annonce que Gilbert t'a oubliée à son tour et qu'il s'est marié avec une autre femme.

LOUISE.

Ah!

ROSE.

Dieu aussi a eu pitié de lui, et tu réponds : Qu'il soit he .- reux!.. Dis encore, dis!

LOUISE.

Dieu aussi a eu pitié de lui, qu'il soit heur... (Éclatant et se jetant dans les bras de Rose en pleurant.) Ah! ma mère! ma mère!

ROSE, avec un cri.

Louise! ah! elle ne pourra pas! mais vous voyez bien qu'elle ne pourra pas!!!

Elle sanglote.

LOUISE.

Ma mère! je vous ai répondu comme vous vouliez... avec sincérité... mais si cette chose abominable que vous dites veut le sacrifice de ma vie, je suis prête!

ROSE, se redressant.

Hein! toi! mourir! à ton âge!.quand l'existence s'ouvre si bénie devant toi... quand après tout ce que j'ai enduré et souffert, tu vas enfin être heureuse!.. Mais tu ne sais donc pas tout ce que j'ai fait pour que tu vives et pour que je t'entende un jour me dire : Ma mère, merci pour le bonheur que vous m'avez donné? Mais quand tu étais toute petite, j'ai gratté la terre de mes ongles pour te nourrir, mais je n'ai pas mangé tous les jours pour que tu manges toi, avec ta santé délicate: mais il n'y a pas une heure, pas une minute de ma vie où je n'aie pensé à toi, vécu pour toi. Tout! j'ai tout supporté : la misère, la faim, les coups, oui les coups...

LOUISE.

Ma mère!

ROSE.

Et j'aurais fait tout ça pour qu'un matin, pour sauver la vie à un autre, à un autre que je ne connais pas, qui n'est pas mon enfant à moi, je t'entraîne froidement moi-même, devant la mort en lui disant : Tiens, c'est ma fille, prends-la, je te la donne, je t'abandonne tout pour rester honnête!.. Allons donc!

LOUISE.

Ma mère, sauver la vie de qui?

ROSE.

On dit qu'il y a des mères sauvages qui sont comme des lionnes et tuent ceux qui approchent de leurs petits. Eh bien! moi aussi, je suis une sauvage! je ne tue pas ceux qui touchent à ma fille, mais je laisse mourir ceux qui demandent sa mort! Tu vivras, Louise, je te dis que tu vivras, que Dieu me maudisse, s'il le veut, mais ils ne sauront rien!.. rien!

Elle enveloppe sa fille dans ses bras.

LOUISE.

Ma mère! ma mère!

SCÈNE VIII

Les Mêmes, DE PARLIEU, LA COMTESSE, LUCIE.

DE PARLIEU.

Rose, les dix minutes sont écoulées, avez-vous quelque chose à nous dire?

ROSE.

Je ne sais rien, vous dis-je, rien. Qu'est-ce qui vous a dit que je savais quelque chose?

LA COMTESSE et GEORGES.

Ah!

DE PARLIEU.

Rose Michel, à partir de ce moment vous êtes ma prisonnière.

Rose est à moitié évanouie sur sa fille qu'elle enveloppe toujours de ses bras
— La comtesse est tombée sur une chaise.

Le rideau baisse.

ACTE CINQUIÈME

Une galerie de la prison du petit Châtelet. — Au fond, une large ouverture donnan
sur une terrasse aux bords crénelés. — Dans le lointain, une vue de ce coin de
Paris. — Porte d'entrée à gauche, petite porte premier plan. — A droite premier plan, porte avec grosse serrure. — Porte du dessus. — Plancher de dalles
noires et blanches. — Une table recouverte d'un tapis. — Chaises, escabeau. —
(Sur la table un timbre avec son marteau.)

SCÈNE PREMIÈRE

UN GUICHETIER, UN PORTE-FALOT, DEUX
GARDES FRANÇAISES, puis DE PARLIEU.

Au lever du rideau, passe une ronde composée d'un porte-falot et de deux gardes
françaises armés.

LE PORTE-FALOT, au guichetier.

Rien de nouveau?

LE GUICHETIER.

Rien.

La ronde s'en va. — Entre de Parlieu.

LE GUICHETIER, voyant entrer de Parlieu.

Monseigneur, comme vous me l'avez ordonné, je viens de
conduire M. Bernard et son fils chez M. le Gouverneur.

DE PARLIEU.

Bien!... Vous avez opéré le transfèrement de M. le comte
de Buissey dans cette salle?

LE GUICHETIER.

Oui, monseigneur, le prisonnier est là.

DE PARLIEU.

Ainsi que je l'ai prescrit, personne n'a pu communiquer avec Rose Michel depuis son entrée au petit Châtelet?

LE GUICHETIER.

Non, monseigneur.

DE PARLIEU.

Amenez-moi cette femme.

Le guichetier introduit Rose et sort.

SCÈNE II

DE PARLIEU, ROSE.

DE PARLIEU, allant vivement à Rose qui reste immobile les bras croisés.

Rose! écoutez. Je viens tenter auprès de vous un dernier effort. L'instruction du procès de M. de Buissey est termiminée, il ne reste plus que l'accomplissement d'une formalité, mais la plus terrible de toutes, et c'est pour ce soir qu'il m'a fallu l'ordonner.

ROSE, étonnée.

Ce soir...

DE PARLIEU.

A neuf heures M. le comte de Buissey sera soumis à la question ordinaire et extraordinaire.

ROSE, avec un cri.

La torture... ah!

DE PARLIEU.

Vous voyez bien qu'il est temps que vous parliez... La

torture, c'est déjà le commencement de la mort, vous ne pouvez pas vouloir qu'un innocent souffre pour vous. Vous êtes mère, Rose, songez que c'est votre fille qui pourrait-être là.

ROSE.

Louise!.. (Les dents serrées.) Je n'ai rien à dire, monseigneur.

DE PARLIEU.

Ah! tenez, vous êtes une misérable femme! Vous n'avez ni cœur, ni pitié.

ROSE, courbant la tête.

Oui... une misérable femme!

DE PARLIEU.

Mon devoir serait aussi de vous infliger cette terrible tor ture qui vous laisse calme et sans remords.

ROSE.

Faites, monseigneur.

DE PARLIEU.

Non! vous ne plierez ni devant cela, ni devant les prières et je vois bien qu'il faut que ce soit moi qui cède, car je suis à bout... J'avais cru que l'amour du devoir l'emporterait sur la faiblesse de l'homme, j'ai eu tort. J'avais trop présumé de mes forces, mon cœur se serre à cette pensée que Georges sera là dans quelques heures étendu sur un chevalet et que c'est moi qui guiderai le bourreau, je cède, je cède! Je vais sacrifier à mon ami ce que je croyais avoir de plus précieux au monde : ma conscience: c'est votre silence qui m'oblige à ce crime, que le ciel vous le pardonne!

ROSE.

Mon Dieu! est-ce que j'ai bien compris?.. Monseigneur, écoutez-moi. Non, je ne parlerai pas, quoi que vous fassiez, quelque martyre que vous me réserviez... mais s'il pouvait exister un moyen de sauver M. de Buissey de la torture ou de la mort... et si pour cela il fallait donner tout le sang de mes veines, oh! dites, monseigneur, un mot, un signe... Je suis prête, disposez de ma vie...

DE PARLIEU.

Rose... puis-je compter sur votre courage?

6

ROSE.

Ah! grand Dieu! parlez donc et vous verrez si mon cœur est vaillant.

DE PARLIEU.

Je ne puis pas, moi, devant les nombreuses preuves qui accablent M. de Buissey, ordonner sa mise en liberté, non, je ne le puis pas... L'unique moyen qui me reste de le sauver d'une condamnation certaine, c'est l'évasion.

ROSE.

L'évasion!

DE PARLIEU.

Mais pour préparer et diriger cette fuite, il nous faut quelqu'un qui ait dévouement et courage. Rose, je viens vous demander si vous voulez être ce quelqu'un-là?

ROSE, avec joie.

Moi, moi, monseigneur, mais c'est comme si vous me proposiez de me rendre l'honneur et la vie. Oh! dites-moi bien, monseigneur, qu'il y a du danger pour moi dans cette tentative... que je puis y laisser des lambeaux de ma chair, que je puis y mourir et je vous remercierai à genoux de m'estimer assez pour me charger de ce péril.

DE PARLIEU.

Ecoutez-moi donc. Je sais que dans cette salle il existe une dalle qui recouvre l'entrée d'un passage secret qui a dû servir autrefois à une évasion. Cette dalle doit être de ce côté.

Il indique la gauche.

ROSE.

De ce côté...

DE PARLIEU.

Mais pour la desceller, il faut de la force, et surtout de l'adresse.

ROSE.

De l'adresse, j'en aurai... de la force, je tâcherai d'en avoir.

DE PARLIEU.

Non; il vaudrait mieux que vous pussiez mettre un homme dans la confidence. Ce travail est long, pénible, et il n'y a pas de temps à perdre.

ROSE.

Vous avez raison!.. j'ai cet homme... Pierre Michel, mon mari.

DE PARLIEU.

Pouvez-vous le trouver à l'instant même ?

ROSE.

Oui, à l'instant même. Je sais où le trouver aujourd'hui.

DE PARLIEU.

Dans combien de temps pensez-vous être de retour ici avec lui ?

ROSE.

Dans un quart d'heure.

DE PARLIEU.

Allez donc, Rose, mais souvenez-vous que l'évasion peut échouer. Si vous êtes prise, c'est la mort !

ROSE.

Oh ! qu'elle vienne, monseigneur, et désormais sur mon salut éternel, quoi qu'il doive arriver, je n'aurai plus pour M. le conseiller de Parlieu qu'amour et reconnaissance pour le bien qu'il vient de me faire.

Le guichetier rentre.

DE PARLIEU.

Ouvrez les portes à cette femme, elle se représentera tantôt accompagnée d'un homme, vous les introduirez, tous les deux, dans cette salle.

ROSE.

Merci, monseigneur, merci.

Elle sort avec un deuxième guichetier.

SCÈNE III

DE PARLIEU, LE GUICHETIER, GEORGES,
puis LA COMTESSE.

DE PARLIEU, à part.

Maintenant, il reste à vaincre la résistance probable de Georges. Heureusement quelqu'un m'y aidera. (Haut, au guichetier.) Amenez ici le prisonnier de Buissey!.. (Le guichetier sort et fait entrer Georges. — A Georges.) Georges, le moment est suprême. Tout ce qu'il était en mon pouvoir de faire pour vous sauver des rigueurs inflexibles de la loi, je l'ai tenté; car, si des preuves accablantes s'élèvent contre vous, ma conscience me crie que vous êtes innocent.

GEORGES, très-calme.

Sur ma foi de gentilhomme, je vous tiens pour plus à plaindre que moi.

DE PARLIEU.

Georges, vous savez ce qui vous attend?

GEORGES.

Oui... la torture... je la subirai.

DE PARLIEU.

Mais, malheureux enfant, qui vous dit que vos forces ne trahiront pas votre courage... que l'excès de la douleur ne vous arrachera pas des aveux?

GEORGES.

Non, avec l'aide de Dieu et fort de mon innocence, je sortirai vainqueur de l'épreuve. La loi, dites-vous, me condamne, vous vous inclinez devant elle, vous, un de ses plus nobles représentants. Que puis-je faire de mieux?

DE PARLIEU.

Prêter les mains au dernier moyen de salut qui vous reste.

GEORGES.

Lequel ?

DE PARLIEU.

Une évasion.

GEORGES.

Jamais ! ce serait m'avouer coupable. Tout, excepté le sacrifice de mon honneur.

DE PARLIEU.

Je vous sacrifie mon devoir.

GEORGES.

Fuir, c'est déserter le mien. Où sont les bourreaux ? je suis prêt. (La comtesse entre.) Ma mère !

DE PARLIEU.

Il refuse, madame !

LA COMTESSE.

J'étais là, j'ai tout entendu. Mon fils, il s'agit ici d'un meurtre... d'un meurtre commis pour de l'argent. Ce soir, c'est la torture... demain ce sera l'échafaud !

GEORGES.

L'échafaud !

DE PARLIEU.

L'échafaud sur la place de Grève, au grand jour en plein soleil... avec Paris pour témoin de votre agonie... Rappelez-vous le comte de Horn ?

GEORGES.

Le comte de Horn était coupable.

DE PARLIEU.

Vous le serez aux yeux de tous ceux qui iront vous voir mourir.

GEORGES.

Dieu m'absoudra.

6.

LA COMTESSE.

Ainsi, en échange du nom sans tache que je vous ai transmis... pour prix de ma tendresse, vous léguerez à votre mère, à tous les nôtres, l'infamie de votre supplice ! C'est bien, monsieur, ce soir l'on me trouvera morte sur le seuil de votre prison.

GEORGES.

Ah ! c'est trop ! c'est trop ! Pardonnez, ma mère, pardonnez. (A de Parlieu.) Faites, monsieur je m'abandonne à vous.

LA COMTESSE.

Mon fils ! mon fils bien-aimé !.. (A de Parlieu.) Que doit-il faire ?

DE PARLIEU.

Rien : attendre Rose Michel qui s'est chargée de tout. Oh ! elle sera exacte, j'en réponds. (Voyant ouvrir la porte.) Et tenez ! c'est elle !

LA COMTESSE.

Viens, mon enfant.

Ils sortent.

SCÈNE IV

DE PARLIEU, ROSE, PIERRE.

ROSE.

Nous voici, monseigneur.

DE PARLIEU.

Quand vous serez prêts vous frapperez à cette porte, et M. de Buissey qui vous attend sortira. Allons ! à l'œuvre ! à l'œuvre !

ROSE.

Comptez sur nous, monseigneur...

De Parlieu sort.

SCÈNE V

ROSE, PIERRE.

ROSE.

Allons... ne perdons pas de temps : ce que nous avons à faire est difficile, mais non impossible.

Passe la ronde.

LE PORTE-FALOT, au guichetier qui vient d'entrer.

Qu'est-ce que c'est que ces gens-là ?

LE GUICHETIER.

Service de M. le conseiller.

Ils s'éloignent.

ROSE.

Mais auparavant (*prenant les mains de Pierre.*) regarde-moi bien en face. Tu vas nous aider bien sincèrement, pas vrai ? Tu sais que celui que nous allons essayer de sauver est là pour toi, infâme !

PIERRE.

Pourquoi veux-tu que je ne travaille pas de tout mon cœur à cette évasion qui m'enlève un poids sur la conscience ?

ROSE.

Ah ! c'est que tu me fais toujours trembler. Pourquoi ton premier mouvement a-t-il été de me répondre : C'est maladroit de le faire évader ?.. avec la torture il avouera et nous ne craindrons plus jamais d'être inquiétés ?

PIERRE.

Dame ! au fond, qu'est-ce que nous voulons en somme, toi et moi ?... Le secret sur la chose, toi, pour ta fille, moi, pour que je ne sois pas pris... Eh bien !... quand il y en aura un... et un riche... qui aura payé pour l'autre... nous pourrons dormir toute la vie tranquilles.

ROSE, qui s'est contenue, éclatant.

Oh! le misérable! C'est donc vrai qu'il peut maintenant me proposer des marchés comme celui-là? Puisque j'ai été assez lâche pour le laisser vivre et pour permettre qu'un innocent souffre à sa place, c'est donc vrai que je suis à présent tout fait sa complice puisqu'il me dit des choses pareilles? Eh bien non! si dégradée, si infâme que tu me croies, écoute-moi bien, Pierre, maintenant que je te tiens comme tu m'as tenue pendant vingt ans!.. Tu vas tout faire pour sauver ta seconde victime, tu y travailleras de tout ton cœur, tu y laisseras de ton sang, s'il le faut! Car, Dieu merci, il y a danger pour notre vie dans ce que nous allons tenter... tu feras tout cela bravement... loyalement, ou cette fois ce sera bien fini et puisque je n'ai pas eu le courage de remplir mon devoir d'honnête femme et de chrétienne...

PIERRE.

Que feras-tu donc?

ROSE.

Je te tuerai comme un chien!

PIERRE, sourdement.

Rose, prends garde, tu me menaces toujours à présent.

ROSE.

Oh! c'est que je n'ai plus peur de toi, car tu n'oserais plus me tuer, tu craindrais trop que mon cadavre te dénonce et dise à tout le monde quel est le véritable meurtrier de Grandchamp!.. Allons, réponds-moi, je le veux. Tu ne nous as pas vendus, n'est-ce pas? Tu n'as pas ajouté la trahison à ton crime? tu n'es pas dénonciateur et assassin?.. Mais réponds-moi donc et relève donc ta tête de bête fauve que j'essaie de t'arracher ton secret.

PIERRE.

Voyons, Rose, tu ne réfléchis pas... Mais si tu étais plus raisonnable, tu comprendrais que mon rêve au contraire, c'est de voir s'enfuir l'innocent qui pâtit là pour moi... car ça ne me sauverait pas s'il mourrait à ma place, puisque tu peux toujours me livrer quand tu voudras...

ROSE.

Soit !..

Elle commence à chercher la dalle avec son pied.

PIERRE, à part.

N'empêche que, puisqu'on le tient, j'aime mieux qu'on le garde ! et on le gardera ! Je me suis arrangé pour ça. Mon mot n'est pas tombé dans l'oreille d'un sourd.

ROSE, montrant la gauche.

A la besogne maintenant. (Le porte-falot vient regarder sur la galerie. — Ils s'arrêtent. — Quand il est reparti.) Mais je ne trouve rien, rien !

PIERRE, qui s'est mis à genoux, s'arrêtant devant une dalle.

Eh bien, moi j'ai trouvé du coup.

ROSE.

M. de Parlieu ne s'était pas trompé !.. (Elle va éteindre la lampe qui brûle sur une table du fond, et avec la table recouverte du tapis elle cache Pierre. Commence le descellement et fais le moins de bruit possible, moi je guette.

PIERRE.

Le ciment tient dur, il y a longtemps qu'on l'aura scellée, cette satanée dalle!

ROSE.

Travaille!

PIERRE.

Ah! je sens qu'elle viendra, mais pas tout de suite.

ROSE.

Combien de temps te faut-il encore pour que tu puisses la tirer à toi ?

PIERRE.

Faudrait une bonne demi-heure.

ROSE.

Alors je vais t'aider.

PIERRE.

Oh! avec tes belles petites menottes.

ROSE.

Je vais t'aider. (Cri dans la salle de torture.) Qu'est-ce que c'est que ce cri-là?.. on dirait un cri de douleur! (Nouveau cri.) Mais oui... c'est un cri de souffrance ça!.. et il vient de là!.. (Elle montre la porte.) Mon Dieu! mon Dieu! je n'ose pas même dire cette chose horrible qui me traverse l'esprit. (Regardant Pierre.) Pierre! (Nouveau cri) Ah! mais, oui, c'est la voix du comte... on le torture... c'est la question... c'est la question... mon Dieu!.. pourquoi l'heure a-t-elle été avancée?.. (Cri.) Oh! mais ces cris me déchirent le cœur! Pierre! Pierre!

PIERRE.

On aura avancé l'heure pour plaire à un juge, voilà tout! et nous sommes venus trop tard!

ROSE.

Trop tard!.. oh! mais je ne peux pas laisser ce crime s'accomplir! (Frappant à la porte.) Ouvrez, ouvrez cette porte! car ce n'est pas le vrai criminel que vous torturez en ce moment et ce que vous faites est infâme!

SCÈNE VI

LES MÊMES, DE PARLIEU, puis TOUS LES PERSONNAGES.

DE PARLIEU, entrant par la deuxième porte de gauche. — Bas.

Oui, infâme! car le gouverneur a été prévenu que le prisonnier devait s'échapper. — Quel peut être le misérable?..

ROSE, montrant Pierre.

C'est lui, c'est toi!

PIERRE, bas à Rose.

Rose, prends bien garde à ce que tu vas faire, c'est du déshonneur ou de la mort de ta fille qu'il s'agit?

ROSE, avec exaltation.

Que ma fille meure, son honneur et moi avec! je ne suis plus une femme ni une mère, je suis une conscience qui éclate aux cris de douleur d'un innocent et devant la plus lâche des trahisons! Monseigneur, aidez-moi à arrêter le vrai meurtrier de Grandchamp, parbleu, je sais bien qui il est, moi, puisque le voilà!

Elle désigne Pierre.

PIERRE.

Ah!

DE PARLIEU, allant à la porte troisième plan et appelant.

Suspendez la torture.

PIERRE.

Oh! il sera malin celui qui me rattrapera.

Il court sur la terrasse, la franchit et va se jeter à l'eau.

DE PARLIEU, à une sentinelle.

Feu!

La sentinelle obéit et Pierre tombe. — La comtesse apparait à droite attirée par le coup de feu.

LA COMTESSE.

Que se passe-t-il donc?

DE PARLIEU.

L'innocence de M. de Buissey est reconnue!

LA COMTESSE, s'élançant.

Ah! mon fils!

Elle entre dans le cachot.

BERNARD, apparaissant.

Pardon, monseigneur, ce coup de feu...

DE PARLIEU.

Justice est faite de Pierre Michel, le véritable assassin de M. de Grandchamp

Louise et Gilbert entrent.

ROSE.

Ma pauvre Louise!

BERNARD.

Pierre Michel!.. C'est donc pour cela qu'elle a gardé ce silence horrible !

DE PARLIEU.

Oui, et à vous de décider, monsieur, si l'épouse et si l'enfant doivent être responsables du crime de l'homme.

GEORGES, qui est apparu sur les marches de la prison, depuis un moment, soutenu par sa mère et un geôlier.

Moi, je pardonne.

BERNARD après un silence, prenant Louise par la main.

Rose, embrassez votre fille.

ROSE.

Ma fille, ma fille !

Rideau.

FIN

Imprimerie générale de Châtillon-sur-Seine, Jeanne Robert.